Telefonieren
Schriftliche Mitteilungen

Ein Programm zur Erweiterung der Ausdrucksfähigkeit im Deutschen

Lehr- und Arbeitsbuch

Von Gernot Häublein, Theo Scherling, Gudrun Häusler

LANGENSCHEIDT

BERLIN · MÜNCHEN · WIEN · ZÜRICH · NEW YORK

Telefonieren · Schriftliche Mitteilungen

Von Gernot Häublein

in Zusammenarbeit mit
Theo Scherling (Zeichnungen, Layout, Umschlag, Konzeption)
Gudrun Häusler (Konzeption, textliche Beratung)

Die Cassette mit Hör- und Sprechübungen zu diesem Buch hat die Bestellnummer 84422.

Druck: 8. 7. 6. 5. | Letzte Zahlen
Jahr: 93 92 91 90 | maßgeblich

© 1982 Langenscheidt KG, Berlin und München

Druck: Druckhaus Langenscheidt, Berlin-Schöneberg
Printed in Germany · ISBN 3-468-49823-3

Inhaltsverzeichnis

Informationen für Lernende

Die Lernziele, die mit diesem Buch erreicht werden können

Das Telefongespräch und die verschiedenen Formen schriftlicher Mitteilung sind neben dem persönlichen Gespräch die wichtigsten Mittel der sprachlichen Verständigung. Sie dienen dem Austausch von Informationen, Texten, Meinungen, Gefühlen, Gedanken. Praktisch alle diese Kommunikationsformen brauchen Sie im Beruf genauso wie im privaten oder öffentlichen Leben.

Dies ist sicher eines der Motive, aus denen heraus Sie einen Deutschkurs machen und für sich selbst sprachlich dazulernen wollen. Ein zweites wichtiges Ziel für das Lernen mit diesem Buch ist es, daß Sie sich jene kontrollierte Sicherheit im Telefonieren und Schreiben von Briefen usw. aneignen, die man braucht, um sich "wohlzufühlen" mit dem Deutschen.

Der Lernweg zum gelösten und sicheren Telefonat bzw. Brief führt über Textbeispiele, die Ihnen in den folgenden Unterrichtsabschnitten zur kritischen Auseinandersetzung so realitätsgetreu wie möglich vorgelegt werden. Vom Durchspielen und Zerlegen dieser "Muster" werden Sie jeweils zu einer bunten, interessanten Palette von Übungen gelangen, die Ihnen Schritt für Schritt die Verwirklichung bisher noch wenig geläufiger sprachlicher Aktivitäten eröffnen.

Sie werden dabei nicht nur unterstützt durch Ihre Lehrerin/Ihren Lehrer lernen, sondern vor allem sehr intensiv mit Ihren Partnern im Deutschunterricht: Die meisten Übungen sind so angelegt, daß sie am wirkungsvollsten zu zweit oder in kleinen Gruppen ablaufen (Partner- und Gruppenarbeit). Und häufig schlüpfen Sie gleichsam in die Haut bestimmter Personen, deren im Buch vorgegebene Rolle Sie im Austausch mit anderen "gespielten" Personen in Szene setzen (Rollenspiele). Sie werden feststellen, daß diese selbständigeren Arbeitsformen - die dem Lehrer auch die leidige Zugpferd-Aufgabe sehr erleichtern - Sie und Ihre Lernpartner sehr direkt in ernstfallähnliche Situationen versetzen. Und gerade die simulierte sprachliche Wirklichkeit, das Üben in echten Sprech- und Schreibsituationen wird Ihnen sehr schnell helfen, Ihre selbsterkannten Probleme mit der deutschen Sprache zu überwinden.

Dieses Buch und die zugehörige Cassette wurden entwickelt, um Ihnen eine bessere Bewältigung der sprachlichen Praxis zu ermöglichen. Deswegen ist hier wenig von Theorie zu lesen und zu hören. Ihre eigenen Theorien zum angemessenen sprachlichen Handeln und Reagieren sollen Sie sich selbst durch Ausprobieren und kritisches Beobachten bilden.

Praktisches Arbeiten mit Buch und Cassette

Besonders für den ersten Teil dieses Buchs zum Telefonieren ist die begleitende Cassette beinahe unentbehrlich. Sie enthält alle im Buch mit ☎ gekennzeichneten Telefonate und Übungen. Die Tonaufnahmen wurden bewußt nicht nur mit Profisprechern gemacht, sondern auch mit "ganz normalen Leuten", mit denen Sie es jeden Tag zu tun haben: Diese sprechen einen Dialekt oder zumindest einen Akzent; sie sind mal zu laut, mal zu leise; sie sind einmal deutlich und dann wieder weniger gut zu verstehen.

Und wir haben uns auch bemüht, die Geräusche des Telefons und aus der lärmenden Umgebung der Gesprächspartner aufs Band zu bringen, damit Sie wirklich für den lauten Alltag üben können.

Die Cassette ist auf beiden Halbspuren (Vorder- und Rückseite) Mono bespielt. Die Aufnahme kann nicht gelöscht werden; Sie können aber auch Ihre Stimme nicht aufzeichnen. Zum Abspielen ist jeder beliebige Cassetten-Recorder geeignet.

Ihr Buch bietet Ihnen neben den Text- und Übungsteilen, die natürlich den größten Umfang einnehmen, auch noch einige praktische Hilfsmittel:

1. Links bzw. rechts oben auf jeder Seite finden Sie über die fette Nummer schnell den Lernabschnitt wieder, bei dem Sie stehengeblieben waren.

2. Zu allen Übungen, die eindeutige Lösungen haben, gibt es im Buchanhang einen "Schlüssel" mit Lösungsvorschlägen; diese sind genauso numeriert wie die Übungen vorne. Der "Schlüssel" erlaubt Ihnen eine sofortige Lernkontrolle, sobald Sie die betreffende Übung ein erstes Mal ganz durchgearbeitet haben. Korrigieren Sie Ihre Fehler damit, und machen Sie die gesamte Übung noch einmal.

3. Keiner kennt alle Wörter der deutschen Sprache, schon gar nicht alle Fremdwörter und Fachausdrücke. Alle schwierigen Wörter, die in diesem Buch vorkommen, werden in der "Alphabetischen Liste" ganz am Ende des Buchs erklärt und z. T. mit Beispielen verdeutlicht.

4. Die Übungen im Buch sind z. T. mit dem Zeichen Ü , im übrigen mit S gekennzeichnet; die erste Gruppe ist vor allen Dingen für das gemeinsame Üben im Unterricht gedacht, die zweite eignet sich gut für das Selbstlernen zu Hause.

Überhaupt sollten Sie damit rechnen, daß der beste Unterricht ohne unterstützende und vertiefende häusliche Arbeit wenig bringt. Bitte setzen Sie etwa die gleiche Zeit für Ihr Selbststudium an, wie Sie sie im Unterricht verbringen. Aber üben Sie niemals in einem Stück länger als etwa eine halbe Stunde; besser wäre es, jeden Tag 20-30 Minuten Deutsch zu treiben! Am besten klappt das mit einem festen Lernplan, der für die ganze Woche Übungszeiten vorsieht, zu denen Sie erfahrungsgemäß ungestört arbeiten können.

Die Zeichnungen

Eigentlich sprechen die Zeichnungen dieses Buchs ihre eigene Sprache. Aber Sie sollten wissen, daß sie nicht einfach als Verzierung des Textes entstanden oder gemeint sind. Vielmehr sind sie eine eigene Form der Anregung zum Telefonieren und Schreiben, die nicht dem schweißtreibenden Leistungsdruck unseres Berufs- und Privatalltags dient. Die Zeichnungen beweisen mit vielen gut versteckten Hinweisen, daß sprachliche Kommunikation auch eine befreiende Seite hat: den Witz, die (meist unfreiwillige) Komik, die Ironie, das Veräppeln, das Belächeln.
Lassen Sie sich nicht den Spaß an diesen Bildern nehmen durch die Tatsache, daß sie in einem Lehrbuch sind! Umgekehrt: Lassen Sie sich zum Lernen mit Spaß verführen; der ewig ernste Unterricht macht lernmüde.

"Bausteine Deutsch" - Ihr Programm zur Erweiterung der Ausdrucksfähigkeit im Deutschen

Dieses Buch und seine Begleitcassette sind ein Baustein in einem Programm von Lernmaterialien, aus dem jeder Lehrer und jeder Lernende seine Auswahl treffen kann. Damit können Mängel in der Verwendung des Deutschen als Verständigungsmittel für praktisch jede Art von Lerngruppe gezielt behoben und neue Fertigkeiten erworben werden.

Stellen Sie sich Ihr Deutsch-Programm selbst zusammen -

Viel Spaß!

1

1 Das persönliche Gespräch . . .

. . . und das Telefonat

Knaus und Lackinger GmbH und Co, guten Tag?

Guten Tag. Hier Kunze, Firma Immergrün Pflanzenhandel, Frankfurt. Frau Lackinger, bitte!

Wie war der Name, bitte?

Kunze, Firma Immergrün.

Danke. Ich verbinde Sie mit dem Vorzimmer von Frau Dr. Lackinger.

Behrends, Sekretariat Dr. Lackinger?

Hier Kunze, Firma Immergrün Pflanzenhandel, guten Morgen. Kann ich bitte Frau Dr. Lackinger sprechen?

In welcher Angelegenheit, bitte?

Es geht um unsere Hydrokulturen, die wir Ihnen – . . . .

Wie bitte? **Hypochon** . . . .?

Nein, ich buchstabiere: H-Y-D-R-O-K-U-L-T-U-R-E-N.

Ah ja – Moment, bitte!

Lackinger?

Guten Tag, Frau Doktor! Hier Kunze, Firma Immergrün.

Hallo, Herr Kunze. – Was gibt's Neues?

Äh, ... ich hoffe, Sie haben unser Angebot pünktlich erhalten?

Ja, vielen Dank.

Äh, ich wollte heute einmal anfragen, ob wir mit dem Auftrag rechnen können, oder – . . . .

Tja, ...

Ü1

Wie geht das Telefonat weiter? Schreiben Sie es fertig - bis zum Auflegen des Hörers. Benutzen Sie dabei zunächst die Bildgeschichte "Persönliches Gespräch" als Grundlage. Den Rest erfinden Sie selbst.

Ü2

Spielen Sie das "fertige" Telefongespräch zu viert. Es macht nichts, wenn Sie vom Text abweichen!

Ü3

Vergleichen Sie persönliches Gespräch und Telefonat (Bilder und Text). Achten Sie vor allem auf folgende Punkte:

1. Körper- und Gesichtsausdruck, Kleidung (= Körpersprache)

2. Persönliche Beziehung Lackinger - Kunze: Wer ist überlegen? Woran merken Sie das?

3. Eröffnung des Gesprächs und des Telefonats

Machen Sie Notizen.

4. Menge der Informationen im Gespräch und im Telefonat

5. Sprachliche Formulierung: einfach - kompliziert, direkt - "durch die Blume", locker - steif?

Ü4

Werten Sie Ihre Beobachtungen aus und diskutieren Sie: In welcher Hinsicht ist das persönliche Gespräch "schwieriger" für die Partner, in welcher Hinsicht das Telefonat?

Ü5

Welche Wörter und Ausdrücke finden Sie in diesem persönlichen Gespräch, die selten oder nie im Telefonat vorkommen, und umgekehrt? Sammeln Sie auf zwei Listen:

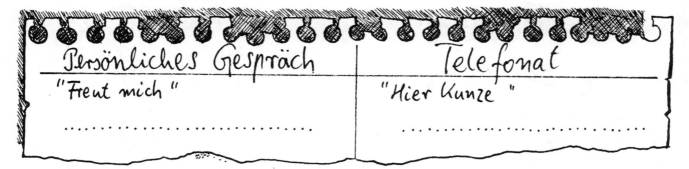

Persönliches Gespräch	Telefonat
"Freut mich"	"Hier Kunze"
. . . .	. . . .

Was für Aufgaben erfüllen diese Ausdrücke im Gespräch/Telefonat?

Ü6

1. Welche Ausdrücke/Formulierungen in den beiden Gesprächen finden Sie gut? Warum?

2. Was möchten Sie an der Sprache der vier Teilnehmer des Telefonats kritisieren? Machen Sie Verbesserungsvorschläge.

Ü7

Herr Kunze ist im persönlichen Gespräch und im Telefonat manchmal in seinen Formulierungen etwas direkt und sehr sachlich, wo er mit etwas indirekteren und damit höflicheren Aussagen vielleicht besser ankäme. Das liegt daran, daß er zumeist die Wirklichkeitsform (den Indikativ) des Zeitworts (Verbs) benutzt, nicht aber die verbindlicher wirkende Möglichkeitsform (den Konjunktiv). Ein Beispiel aus dem Gespräch:

Indikativ: "Stört Sie's, wenn ich rauche, Frau Doktor?"
Konjunktiv: "Würde es Sie stören, wenn ich rauchte?"
                                         rauchen würde?"

Bitte finden Sie im Telefonat Sätze von Herrn Kunze, die er statt im Indikativ - verbindlicher - auch im Konjunktiv sagen könnte, und einigen Sie sich, wo der Konjunktiv eine Verbesserung wäre.

S1

Schreiben Sie das Telefongespräch mit allen besprochenen Verbesserungen noch einmal neu.

S2

Sie rufen die Firma Grämlich & Lauter OHG an, der Ihre eigene Firma vor sechs Wochen eine Rechnung für eine Büromöbellieferung geschickt hat. Sie wollen nicht gleich eine Mahnung schreiben; deshalb rufen Sie an, um sich zu erkundigen, warum die Rechnung noch nicht bezahlt wurde. Ihre Firma heißt Resospan-Möbel KG; Sie arbeiten in der Buchhaltung. Sprechen Sie mit den Personen, die sich melden:

● Grämlich und Lauter, grüß Gott?

Sie → o ....

● Mit wem darf ich Sie verbinden?

    o ....

- Augenblick, bitte! (Pause) Da wird leider gerade gesprochen. Ich verbinde Sie mit der Sekretärin.

  o ....

- Mohnhaupt, guten Tag?

  o ....

- Moment, bleiben Sie bitte dran. Ich hol' mir nur die Unterlagen her. (Pause, Rascheln) Hm, ... ja: Da ist Ihre Rechnung. Und was war nun das Problem?

  o ....

- Ja, ganz richtig. Da steht: "Zahlbar innerhalb vier Wochen, rein netto ohne Abzug". Aber nicht bezahlt!

  o ....

- Ich fürchte, da muß ich erst beim Buchhalter rückfragen. Kann ich Sie zurückrufen?

  o ....

- So, Ihre Nummer hab' ich notiert. Sobald ich die Angelegenheit geklärt habe, hören Sie von mir.

  o ....

- Gern geschehen! Vielen Dank für Ihren Anruf.

  o ....

- Auf Wiederhören!

S3

Eine Dame ruft eine Firma an, bei der sie vor Wochen dringend etwas bestellt hat, und beschwert sich. Schreiben Sie den Text zu den Bildern:

①

Spielen Sie in der Klasse "Ihr" Telefonat zu viert durch und vergleichen Sie es mit den Telefonszenen Ihrer Partner.

Wie entwickeln sich Formulierung, Ton und Stimmlage der Anruferin in den Phasen ① – ④? Wie reagieren und verhalten sich ihre Telefonpartner?

2 Vorbereitung und planvolles Telefonieren

Ob das Finanzamt einen guten Steuerberater kennt?

Kann man einen Werkzeugkasten als Werbungskosten absetzen?

Gehört Kindergeld zum Einkommen?

Ich benutze unser Auto auch beruflich. Wie ist das steuerlich?

Wann hat das Finanzamt Sprechzeit?

Meine Frau verdient nebenbei im Monat 500 Mark. Muß ich das angeben?

Soll ich für unseren Bausparvertrag lieber Prämie oder Sonderausgaben- abzug beantragen?

Wann muß ich meine Steuererklärung abgeben?

Ü1

Sie haben Fragen zu Ihrem Lohnsteuerausgleich/Ihrer Einkommensteuererklärung und wollen das Finanzamt anrufen. Zur Vorbereitung ordnen Sie Ihre Gedanken mit Hilfe eines Stichwortzettels:

1. Verkürzen Sie jede der Fragen auf 1-3 Stichwörter.

2. Mehrere solche Fragen-Stichpunkte, die sachlich zusammengehören, schreiben Sie als "Gruppe" untereinander.

3. Finden Sie für jede Gruppe eine kurze Überschrift (1-3 Wörter).

4. Schreiben Sie alle Gruppen nun so untereinander, wie Sie sie beim Telefonieren besprechen wollen. Mögliche Abfolgen: nach Zeit, Logik, Wichtigkeit.

Ihr Stichwortzettel sollte ungefähr so aussehen:

Telefonat mit ...., Finanzamt
am ....

① Termine
– Abgabe Lohnsteuerjahresausgleich
– Sprechzeit Finanzamt
– ....
② ....
....
....
③ ....
....
④ ....
....
....

Ü2

Spielen Sie nun Ihre geplanten Telefonate. Während der Anrufer gut vorbereitet ist und seinen Stichwortzettel genau "abfragt", ist der/die Beamte/Beamtin in einigen Punkten überfragt und muß sich des öfteren entschuldigen, allgemein antworten, Ausflüchte machen, den Anrufer vertrösten oder an Dritte verweisen usw.

Hier ein paar sprachliche Hilfen für diese schwierige Rolle:

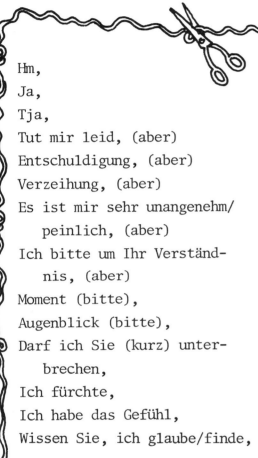

Hm,

Ja,

Tja,

Tut mir leid, (aber)

Entschuldigung, (aber)

Verzeihung, (aber)

Es ist mir sehr unangenehm/
    peinlich, (aber)

Ich bitte um Ihr Verständnis, (aber)

Moment (bitte),

Augenblick (bitte),

Darf ich Sie (kurz) unterbrechen,

Ich fürchte,

Ich habe das Gefühl,

Wissen Sie, ich glaube/finde,

(das) weiß ich (leider) nicht.

(das) kann ich (leider) nicht sagen.

da bin ich (leider völlig) überfragt.

da muß ich erst rückfragen/Rücksprache nehmen/
    nachschlagen.

kann ich Sie in dieser Sache/Angelegenheit
    zurückrufen?

da sind Sie bei mir (ganz) falsch/nicht richtig/
    an der falschen Adresse.

dafür bin ich (leider) nicht zuständig.

dafür ist Kollege/Kollegin/die Abteilung X
    zuständig.

ich verbinde Sie weiter mit .....

da müßten Sie sich an ..... wenden.

ich kann Ihnen da (leider) nicht helfen.

das steht (alles) in/im .....

das können Sie (genau) nachlesen in .....

das läßt sich telefonisch/am Telefon
    (ohne weitere Unterlagen) nicht klären/
    beantworten.

Sie sollten (besser) persönlich vorbeikommen.

S1

Auf eine interessante Stellenanzeige wollen Sie sich sofort telefonisch bewerben. Erfahrungsgemäß werden bei einem solchen Telefonat u. a. Fragen zu diesen Punkten gestellt: Personalien, Schul- und Berufsausbildung, bisherige berufliche Tätigkeiten, Bewerbungsgründe, berufliche und finanzielle Erwartungen.
Bereiten Sie einen gegliederten Stichwortzettel vor.

S2

Gut vorbereitet rufen Sie nun die in der Anzeige genannte Firmennummer an. Es meldet sich der Personalchef - sprechen Sie mit ihm:

● Wiedemann, Personalabteilung?

Sie → ○ .....

● Wie war Ihr Name und Vorname nochmal, bitte?

    ○ .....

● Danke. - Würden Sie mir bitte die weiteren Daten geben? Alter, Familienstand, Adresse, Telefon?

    ○ .....

● Und welche Schulausbildung haben Sie, bitte?

    ○ .....

● Schön, ja ..... Könnten Sie mir kurz Ihren beruflichen Werdegang schildern?

    ○ .....

● Sagen Sie, warum finden Sie unser Stellenangebot eigentlich so interessant?

    ○ .....

● Aha - ist das der einzige Grund für Ihre Bewerbung?

    ○ .....

● Hm, ja, ich verstehe. Und was genau würden Sie sich von Ihrer neuen Tätigkeit erwarten?

    ○ .....

● Sehr interessant! Ja, also, welche finanziellen und sonstigen Arbeitgeberleistungen stellen Sie sich denn vor?

    ○ .....

● Vielen Dank. - Das wäre wohl das Wichtigste. Ich schreibe Ihnen in den nächsten Tagen. Auf Wiederhören!

    ○ .....

S3

Der Personalchef bemüht sich, <u>höflich und unaufdringlich</u> zu fragen, obgleich er sehr hart und nüchtern zur Sache geht. Welche Wörter und Ausdrücke in seinen Äußerungen verwirklichen diese Sprechabsicht? Ordnen Sie die gefundenen sprachlichen Mittel zum Ausdruck von "Höflichkeit/Unaufdringlichkeit" unter diese 5 Überschriften ein:

1. Interjektionen/Ausrufewörter
2. Abtönungswörter
3. Wertungen, Kommentare
4. Präteritum/Vergangenheitsform statt Präsens/Gegenwartsform
5. Konjunktiv/Möglichkeitsform statt Indikativ/Wirklichkeitsform

S4

Die folgenden Tips zur Vorbereitung und Einstellung auf ein berufliches Telefonat stammen aus einer Ratgeber-Broschüre für Mitarbeiter in Industrieunternehmen. Bitte lesen Sie diese Ratschläge kritisch:

1. ☐ Wer ist der kompetente Gesprächspartner?
2. ☐ Wie verlief das letzte Gespräch mit ihm?
3. ☐ Was wollen Sie von ihm?
4. ☐ Welche Argumente stehen Ihnen zur Verfügung?
5. ☐ Welche Einwände sind zu erwarten?
6. ☐ Wie sehen Ihre Schwachstellen aus?
7. ☐ Können Sie auf alle möglichen Fragen antworten?
8. ☐ Kennen Sie die Probleme des Gesprächspartners?
9. ☐ Ist der Zeitpunkt des Anrufs richtig?

Geeignete Anrufzeiträume:

10. ☐ Firmenchefs:
    9.00 bis 10.30   15.00 bis 17.30
11. ☐ Großhandel:
    8.30 bis 11.30   14.30 bis 16.30
12. ☐ Einzelhandel:
    9.00 bis 10.00   14.00 bis 16.00
13. ☐ Behörden:
    9.00 bis 11.30   14.00 bis 16.00

14. ☐ Privatleute:
    18.00 bis 18.45   Samstag: 9.00 bis 11.30
15. ☐ Nehmen Sie den Hörer in die linke Hand.
16. ☐ Halten Sie stets einen Notizblock und einen Kugelschreiber parat.
17. ☐ Achten Sie darauf, daß der Block rutschfest vor Ihnen liegt.
18. ☐ Einen Kalender, eine Terminübersicht sollten Sie stets im Blickfeld haben.
19. ☐ Richten Sie sich vor dem Telefonat so ein, daß Sie alle wichtigen Unterlagen parat haben.
20. ☐ Halten Sie auf jeden Fall den Tag und die Uhrzeit Ihres Gespräches fest.
21. ☐ Scheuen Sie sich nicht zu fragen, wenn Sie den Namen des Gesprächspartners nicht deutlich verstehen.
22. ☐ Lassen Sie sich notfalls den Namen buchstabieren, denn nichts kommt schlechter an als falsch oder verstümmelt geschriebene Namen.

- Kreuzen Sie die Tips an, die Sie für richtig halten.

- Welche der nicht angekreuzten Tips halten Sie für falsch, unwichtig oder lächerlich? Warum?

- Was für Tips würden Sie zusätzlich geben?

3

3 Die Eröffnung des Telefonats

 a) Herr Steckenbiller kommt
   sofort durch:

Firma Hormonal-Chemie,
Berlin?

- Hier Steckenbiller.
- Hallo, hier Steckenbiller,
  Vilsbiburg.
- Hier Franz Xaver Steckenbiller,
  Firma Eurofleisch.
- Hier ist Franz Xaver Stecken-
  biller, Eurofleisch, Vilsbiburg.

- Frau Matschke, bitte!
- Geben Sie mir bitte Frau Matschke.
- Ich hätte gerne Frau Matschke
  (gesprochen), bitte.
- Verbinden Sie mich bitte mit
  Frau Matschke, Abteilung
  Viehfutterveredelung.

- Ich verbinde!
- Augenblick, ich verbinde Sie.
- Bleiben Sie bitte am Apparat, ich verbinde (Sie weiter).

- Matschke (hier)?
- Tierfutterveredelung, Matschke?
- Gundula Matschke, Abteilung Tierfutterveredelung?

- Grüß Gott, Frau Matschke! Hier ist Steckenbiller, Firma Eurofleisch.
- Franz Xaver Steckenbiller, Firma Eurofleisch, Vilsbiburg.
  Guten Tag, Frau Matschke, wie geht's?

- .....

Ü1

Spielen Sie zu dritt oder viert verschiedene Telefonate von Herrn Steckenbiller mit
der Firma Hormonal-Chemie. Benutzen Sie Formulierungen aus den Gesprächsverläufen
a) und b) und andere, eigene Ausdrücke.

b) Herrn Steckenbillers Gesprächspartnerin ist nicht erreichbar:

● Firma Hormonal-Chemie, Berlin?

o Hier Steckenbiller, Firma Eurofleisch. - Frau Matschke, bitte!

●
- Frau Matschke ist heute (leider) nicht da/nicht im Hause/ auf Dienstreise/in einer wichtigen Besprechung/krank/in Urlaub.
- Moment, bitte! (Pause) Frau Matschke spricht gerade.
- Augenblick, ich verbinde. (Pause) Frau Matschke nimmt leider nicht ab.

- Kann ich Sie sonst mit jemandem verbinden?
- Darf/Soll ich Sie mit der Sekretärin verbinden?
- Können wir/Kann Frau Matschke Sie zurückrufen?
- Wollen Sie eine Nachricht hinterlassen?
- Rufen Sie noch einmal an?

o Bitte geben Sie mir Frau Matschkes Sekretär(in)/Vorgesetzte(n)/ Stellvertreter(in)

o
- Ich rufe später nochmal an.
- Bitte geben Sie Frau Matschke folgende Nachricht: .....
- Bitten Sie doch Frau Matschke, mich zurückzurufen, sobald ..... Meine Nummer ist .....

● Gern. Moment, bitte!

●● Fröhlich, Abteilung Viehfutterveredelung?

o Grüß Gott, Fräulein Fröhlich. Hier Steckenbiller, Firma Eurofleisch, Vilsbiburg. Ich rufe an wegen .....

 Ü2

Spielen Sie die eröffneten Telefonate zu Ende!

Ü3

Spielen Sie diese Telefonrollen:

(1 Person)

Sie sind Frau/Herr Müpfig, Sachbearbeiter(in) in der Stadtverwaltung.
Sie rufen das Personalreferat an, um mit dem Referenten, Herrn Kanzler, über Ihre letzte dienstliche Beurteilung zu sprechen. Diese finden Sie ungerecht. Versuchen Sie unbedingt, mit Herrn Kanzler selbst zu sprechen!

(3 Personen)

Sie spielen die Telefonistin des Personalreferats, die Sekretärin des Referenten, Frau Patzke, und Herrn Kanzler. Der Referent schreibt gerade Beurteilungen und möchte nicht gestört werden, falls jemand anruft.
Sollten die beiden Damen Frau/Herrn Müpfig nicht freundlich, aber bestimmt abwimmeln können, machen sie sehr widerstrebend eine Ausnahme.

(1 Person)

Sie sind Frau Antonioni, mit einem Italiener verheiratet. Der ist Bauarbeiter und z. Z. arbeitslos.
Sie rufen für Ihren Mann das Personalbüro der Baufirma "Alte Heimstatt" an, um nach einer Stelle zu fragen.
Sie rechnen schon mit einem schwierigen Telefonat und sind hartnäckig.
Obwohl Sie ein paarmal falsch verbunden werden, erreichen Sie am Ende doch den Personalchef.

(4 Personen)

Sie spielen Telefonist(in), Chefbuchhalter(in) Kümmel, Geschäftsführer(in) Dr. Geier und Personalchef(in) Hartmann.
Sie versuchen, Frau Antonioni ziemlich kühl und knapp abzufertigen oder schnell an andere Mitarbeiter "weiterzugeben", da die Firma seit einiger Zeit praktisch keine Ausländer mehr einstellt.

S1

Franz Kühn ruft am Abend eine Bekannte an, die zur Untermiete wohnt und kein eigenes Telefon hat. Die Vermieterin hebt ab:

1. Wer sagt was in welcher Reihenfolge? Numerieren Sie von 1 bis 11.

2. Was würden Sie am Schluß antworten, wenn Sie Herr Kühn wären?

3. Hören Sie zur Kontrolle das "fertige" Telefonat von der Cassette.

S2

Sehen Sie sich an, was die Vermieterin sagt: Es ist zumeist unfreundlich, barsch, kurz angebunden. Schreiben Sie in zwei Spalten: links die sechs Äußerungen Frau Jüttes - rechts jeweils daneben etwa den gleichen Inhalt, aber in freundlicher, verbindlicher, gesprächiger Formulierung. Beispiel:

Unfreundlich	Freundlich
Ja, bitte?	Hallo, hier ist Klara Jütte?
....	....

4 „Zur Sache kommen"

Jedes Telefonat hat einen Anlaß, einen Zweck. Man muß also irgendwann nach der Gesprächseröffnung "zur Sache kommen". Hier häufige Formulierungen für diese Überleitung zum Thema eines Anrufs:

Aussagen, Aufforderungen:

Naja, .../Tja, also, ...

(Ach,) Übrigens .....

Weißt du/Wissen Sie, ...

Was ich (noch) sagen wollte .....

Ich rufe an, weil/um .....

Es geht um (folgendes) .....

Der Grund meines Anrufs ist, ...

Erlauben/Gestatten Sie, daß ich zur
    Sache komme .....

Ich wollte nur mal fragen/sagen .....

Ich hätte gerne gewußt/gehört/gesagt/
    mitgeteilt .....

Also, die Sachlage/Situation ist die/
    folgende .....

Weil ich dir/Ihnen sagen möchte/
    wollte, ...

Komm/Mach schon!

Schieß/Schießen Sie los!

Kommen wir zur Sache/zum Thema!

Fragen:

Also?/Na?/Nun?/Und?

Was gibt's?

Worum geht's?

Was liegt an?

Warum rufst du/rufen Sie an?

Warum ich dich/Sie (heute) anrufe?

Wollen wir zur Sache kommen?

Ist das der Grund Ihres Anrufs?

Wollten Sie mir (sonst noch) etwas
    Bestimmtes sagen?

Haben wir alles Wichtige besprochen?

Haben wir etwas Wichtiges vergessen?

Hast du/haben Sie irgendwelche Neuig-
    keiten für mich?

Kann ich mit irgend etwas behilflich
    sein?

Womit kann ich dienen?

<u>Wie</u> man beim Telefonieren "zur Sache kommen" kann, hängt von der Beziehung der Ge-
sprächspartner zueinander und der momentanen Situation ab.

Betrachten Sie die auf Seite 22 aufgeführten Frage- und Aussagefloskeln, die zum
Sachthema des Telefonats überleiten können. Welche dieser Fragen und Aussagen stim-
men gut zusammen? (Frage und "Antwort" können dabei auch vom gleichen Sprecher ge-
bracht werden!) Finden Sie zu jeder Frage mindestens eine genau passende Aussage und
schreiben Sie diese "Gruppen" auf.

Untersuchen Sie Ihre Frage-Aussage-Gruppen:

1. im Hinblick auf die darin angedeutete <u>Beziehung zwischen den Telefonpartnern</u>;
   benutzen Sie zur Einordnung folgende <u>Skala</u>:

   herzlich / freundlich / verbindlich / neutral / reserviert / unfreundlich / kalt

   + ←————————————————————|————————————————————→ **−**

2. im Hinblick auf die <u>Art von Situation</u>, für die sie sich eignen; benutzen Sie zur
   Einordnung folgende <u>Skala</u>:

   gelöst / nicht offiziell / sachlich / offiziell / steif

   + ←————————————————————|————————————————————→ **−**

Spielen Sie diese Telefonrollen:

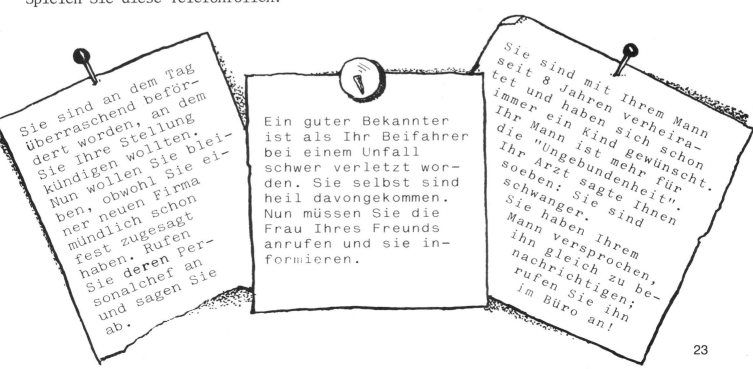

Sie sind an dem Tag überraschend beför-
dert worden, an dem Sie Ihre Stellung
kündigen wollten. Nun wollen Sie bleiben, obwohl Sie einer neuen Firma schon
mündlich schon fest zugesagt haben. Rufen
Sie **deren** Personalchef an und sagen Sie
ab.

Ein guter Bekannter
ist als Ihr Beifahrer
bei einem Unfall
schwer verletzt wor-
den. Sie selbst sind
heil davongekommen.
Nun müssen Sie die
Frau Ihres Freunds
anrufen und sie in-
formieren.

Sie sind mit Ihrem Mann
seit 8 Jahren verheira-
tet und haben sich schon
immer ein Kind gewünscht.
Ihr Mann ist mehr für
die "Ungebundenheit".
Ihr Arzt sagte Ihnen
soeben: Sie sind
schwanger.
Sie haben Ihrem
Mann versprochen,
ihn gleich zu be-
nachrichtigen;
rufen Sie ihn
im Büro an!

S1

Frau Rother, 38, Sekretärin, ruft ihren langjährigen Chef, Herrn Schick, 52, abends privat an. Sie will ihm sagen, daß sie ihre Stellung kündigt und warum.

Betrachten Sie die folgende Bildgeschichte sehr genau. Schreiben Sie dann das Telefongespräch auf, so daß es den Bildern sowie Ihrer Einschätzung der Personen und der Situation entspricht. Besonders wichtig ist, <u>wie</u> Frau Rother das Telefonat eröffnet und mit <u>welchen Formulierungen</u> sie (oder Herr Schick?) zur Sache kommt.

S2

1. Hören Sie das folgende Telefonat an und notieren Sie, mit welchen Formulierungen Anrufer und Angerufener zur Sache kommen. Machen Sie sich vorher eine Liste:

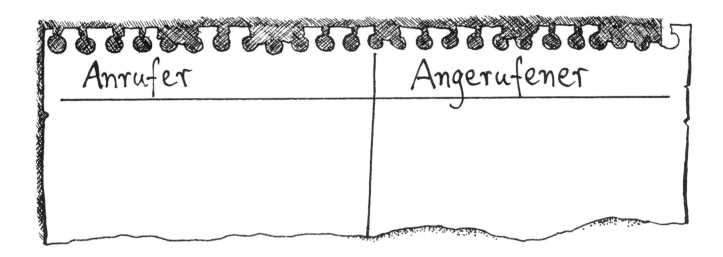

Anrufer | Angerufener

- Knauf?
o Hier Jörg Spitz, Betriebsrat.
- Tag, Herr Spitz. - Was gibt's denn Schönes?
o Och ..... eigentlich nur 'ne Kleinigkeit ..... Routinesache .....
- Also?
o Es geht um die innerbetriebliche Stellenausschreibung, die offene Stelle in der Personalplanung .....
- Und?
o Ja, der Betriebsrat hätte gerne gewußt, ob für diese Stelle schon interne - oder auch externe - Bewerbungen vorliegen.
- Nicht, daß ich wüßte .....

2. Welcher der beiden Telefonpartner ist höflicher? Welcher formuliert knapper? Wer von beiden hat wohl die stärkere Position?

3. Schreiben Sie nun das Telefonat völlig um: Wer bisher knapp und weniger höflich formulierte, spricht nun besonders verbindlich (und umgekehrt). Fangen Sie etwa so an:

- Ja bitte, hier ist Fritz Knauf?
o .....

5 Unterbrechen, zu Wort kommen

 ● Hallo?

○ Hallo, Ulla, bist du dran? - Hier ist Jan!

● Gut, daß du anrufst! Mit dir habe ich sowieso ein Hühnchen zu rupfen

○ Hör mal! Wieso bist du denn so aggressiv? Wo ich dich doch für heute abend zum Essen

● Ach was! Damit kannst du mir gestohlen bleiben! Kümmre dich lieber um den Schaden, den du in der Gruppe angerichtet hast: Einfach ohne Diskussion festzustellen, daß wir an dieser Aktion nicht

○ Moment mal, wer hat denn das gesagt? Ich habe doch nur mitgeteilt, daß ich persönlich den Zweck und die Organisation dieses Unternehmens für nicht akzeptabel halte

● Stop! So hast du's aber nicht formuliert! Du hast gesagt: "Diese Aktion ist vom Zweck her verfehlt, in der Organisation miserabel - und deshalb für uns als Gruppe nicht akzeptabel." Und damit

○ Sag ich doch! Das war und ist meine Meinung, dazu stehe ich

● Tut mir leid, das ist mir zuviel Selbstgefälligkeit! Du hättest doch zumindest die anderen auch zu der Sache hören müssen. Und die waren durch die Bank entgegengesetzter Meinung - ich auch

○ Was? .....

Ü1

An welchen der Stellen, wo am Zeilenende keine Satzzeichen stehen, unterbrechen sich die Gesprächspartner gegenseitig? Welche Formulierungen verwenden sie, um zu Wort zu kommen? Schreiben Sie eine Liste; ergänzen Sie diese um andere Ausdrücke, die Sie kennen. Gibt es "weichere" und "härtere" Formen der Unterbrechung? Wenn ja, worin liegt der Unterschied?

Ü2

Schreiben Sie diesen telefonischen Streit zu Ende und lassen Sie Ulla und Jan einander laufend unterbrechen. Wählen Sie unter diesen möglichen Gesprächsabschlüssen:

1. Ulla oder Jan bricht das Gespräch ab und legt auf.

2. Ulla oder Jan läßt sich von der Meinung des andern überzeugen.

3. Beide einigen sich auf einen Kompromiß.

Ü3

Spielen Sie die "fertigen" Telefonate - und vergessen Sie nicht, einander zu unterbrechen! Spontanes Abweichen vom Text und freies Improvisieren sind erlaubt.

S1

Welche Techniken der Unterbrechung beim Telefonieren sind bisher vorgekommen? Gibt es noch weitere? Machen Sie eine Liste.

S2

Welche Wirkung auf den Unterbrochenen, welchen Nutzen für den "Unterbrecher" haben diese "Unterbrechungstechniken"?
Untersuchen Sie die Frage anhand des Telefonats auf der Cassette.

Buchstabieren und Zahlen durchgeben   6

Buchstabiertafel

Inland		Ausland	
A = Anton	O = Otto	A = Amsterdam	Q = Québec
Ä = Ärger	Ö = Ökonom	B = Baltimore	R = Roma
B = Berta	P = Paula	C = Casablanca	S = Santiago
C = Cäsar	Q = Quelle	D = Danemark	T = Tripoli
Ch = Charlotte	R = Richard	E = Edison	U = Upsala
D = Dora	S = Samuel	F = Florida	V = Valencia
E = Emil	Sch = Schule	G = Galipoli	W = Washington
F = Friedrich	T = Theodor	H = Havana	X = Xanthippe
G = Gustav	U = Ulrich	I = Italia	Y = Yokohama
H = Heinrich	Ü = Übermut	J = Jerusalem	Z = Zürich
I = Ida	V = Viktor	K = Kilogramme	
J = Julius	W = Wilhelm	L = Liverpool	
K = Kaufmann	X = Xanthippe	M = Madagaskar	
L = Ludwig	Y = Ypsilon	N = New York	
M = Martha	Z = Zacharias	O = Oslo	
N = Nordpol		P = Paris	

Ü1

Bei einem Inlandsgespräch versteht jemand Ihre Adresse nicht. Geben Sie Ihren Vor- und Nachnamen sowie Ihre Adresse durch. Buchstabieren Sie mit Hilfe der Tafel (links) und der Hinweise (unten).

Ü2

Buchstabieren Sie bei einem Inlandsgespräch: Hypothek, Rabatt, Skonto; Verriß, Rezension, Kritiker; Politik, Parlament, Opposition, legal.

Ü3

Buchstabieren Sie einem deutschsprechenden ausländischen Anrufer:
Fixton GMBH, Wassermannstr. 13 II, 7951 Biberach/Riß, Tel.(0 73 51) 591

"Technische Hinweise":

1. Buchstabieren kann man auf zwei Arten: (a) "Paula - Anton - Ulrich - Ludwig" oder (b) "P wie Paula - A wie Anton" usw.
2. Längere Zahlen liest man in kleinen Gruppen von 1-3 Ziffern, am besten wie in der Druckform durch Abstände gekennzeichnet, z.B. bei Telefonnummern:
   (089) 3 10 73 10 = null acht neun - drei - eins null - sieben drei - eins null.

7 Eine „Krise" bewältigen

Herr Özcan, gelernter Installateur aus der Türkei, wohnt mit seiner sechsköpfigen Familie seit sieben Jahren in einer 4-Zimmer-Mietwohnung: Altbau, 95 qm, sehr abgewohnt, Ölofenheizung, uraltes Bad und WC, keine zentrale Warmwasserversorgung. Sein Vermieter, Herr Knippenberg, hat ihm brieflich eine Mieterhöhung um 20 % angekündigt. Herr Özcan ruft abends nach der Arbeit Herrn Knippenberg an:

● Knippenberg?

o Guten Abend, Herr Knippenberg. Hier ist Özcan .....

● N'Abend, Herr Özcan, wie geht's?

o Danke, so einigermaßen. - Herr Knippenberg, ich rufe an wegen Ihres Briefs und der Mieterhöhung .....

● Tja, die ist nun leider endlich mal fällig. Sie wissen ja selbst, die Kosten steigen und steigen!

Ü1

Herr Özcan möchte die Wohnung behalten; also muß er jetzt etwas tun, um die verfahrene Situation zu retten. Aber er will auch eine Gegenleistung des Vermieters für die Mieterhöhung. Deshalb bleibt er ruhig und höflich und schlägt einen Kompromiß vor.

1. Schreiben Sie das Telefonat fertig bis zur "Einigung"; suchen Sie sich dafür passende Formulierungen zusammen:

Nein, nein, die Wohnung gefällt uns schon, ...
Da haben Sie mich ganz mißverstanden .....
Tut mir leid, ich wollte Sie nicht verletzen .....
Warum regen Sie sich so auf?
Ich kann Sie ja verstehen .....
Aber sehen Sie mal .....
Bitte versetzen Sie sich doch einmal in meine/unsere Lage .....
Brüllen Sie mich nicht so an!
Aber das ist doch gar kein Vorwurf gewesen .....
Sind Sie aber empfindlich, ...

..... viel besser wär's, wenn wir uns auf einen Kompromiß einigten.
..... nur müßte wirklich etwas daran getan werden.
..... ich wollte Ihnen (eigentlich) einen Vorschlag machen.
..... (aber) wir wohnen seit 7 Jahren in der Wohnung und wissen, wo's fehlt.
..... ich fange doch auch nicht gleich an zu schreien!
..... ich möchte Ihnen einen interessanten Vorschlag machen, der gleich zwei Probleme löst.
..... es wäre sicher im gemeinsamen Interesse, die Meinungsverschiedenheiten beizulegen.

2. Spielen Sie nun zu zweit Ihre selbstverfaßten Telefonate frei nach und konzentrieren Sie sich auf die Bewältigung der Krise. Spielen Sie einmal Herrn/Frau Özcan und einmal Herrn/Frau Knippenberg.

3. Diskutieren Sie die Stärken und Schwächen der einzelnen Telefonpartner:
   - Wie war der taktische Plan beider Partner?
   - Welcher von beiden hat seinen Plan durchgehalten?
   - Wer war beweglicher und sorgte mehr für Überraschungen?
   - Wer formulierte geschickter = wirkungsvoller? Beispiele!
   - Gab es große Unterschiede zwischen Gesprächen Mann-Mann, Frau-Frau und Frau-Mann? Welche?

Ü2

Herr Özcan macht folgenden Einigungsvorschlag:

o Herr Knippenberg, betrachten wir doch die Situation einmal ganz nüchtern: Sie wollen 20% mehr Miete. Wir möchten die Wohnung gerne behalten; wir sind auch bereit, die Mieterhöhung zu zahlen - aber nur, wenn die Heizung und die sanitären Einrichtungen völlig erneuert werden. Das würde ja auch den Wert Ihrer Wohnung entsprechend erhöhen. Ich mache Ihnen dazu einen Vorschlag: Als gelernter Installateur könnte ich die Renovierungsarbeiten selbst und für Sie kostenlos durchführen - wenn Sie die Materialkosten übernehmen! - Wie finden Sie das?

● Tja, das klingt ganz interessant. Aber wie stellen Sie sich das praktisch vor? Ich bin skeptisch, ob sich das so lösen läßt.

o .....

● Das haben Sie ja fein ausgeklügelt! Sie wollen mich wohl ködern, wie? Also, da sehe ich keine Einigungsmöglichkeit.

o .....

1. Herr Özcan ist auf beide möglichen Reaktionen vorbereitet: Er hat sich einen zweispaltigen Stichwortzettel mit geeigneten Argumenten geschrieben. Was steht noch darauf?

Falls K. zustimmt	Falls K. ablehnt
● Reparatur an Wochenenden	● Einmalig niedrige Kosten
●	● ....

2. Spielen Sie zu zweit beide Telefonate mit Hilfe Ihres Stichwortzettels durch; Herr/Frau Knippenberg zögert eine Einigung bewußt hinaus, dagegen möchte Herr/Frau Özcan den Einigungsvorschlag rasch durchsetzen.

Ü3

Jemand hat Ihnen einen wichtigen Vorschlag gemacht. Würden Sie die folgenden Sätze zum Ausdruck Ihrer Zustimmung, Ihrer Ablehnung oder einer eher neutralen, unentschiedenen Reaktion verwenden?

Also ich weiß nicht, wie das gehen soll....

Da bin ich aber sehr skeptisch!

Da sehe ich vielleicht eine Möglichkeit.

So können Sie mir nicht kommen!

Das haben Sie sich ja fein ausgedacht!

Wie stellen Sie sich das vor?

Aber wie soll sich das denn realisieren lassen?

Das verstehe ich!

Halten Sie mich für beschränkt?

Und wie soll das funktionieren?

Ich sehe da keine rechte Möglichkeit....

Das muß man sich mal überlegen.

Das klingt ganz interessant!

Wie kommen Sie denn auf die Idee?

Da sieh mal einer an!

Glauben Sie denn, daß ich darauf eingehen kann?

Gar nicht so übel.....

ZUSTIMMUNG:	NEUTRALE, UNENTSCHIEDENE REAKTION:	ABLEHNUNG:
1.	1.	1. . . . .
2.	2.	2. . . . .
. . . .	. . . .	. . . .

Ü4

Spielen Sie zu zweit Telefongespräche zu Ende, die in eine Krise geraten sind. Versuchen Sie, ein für beide Seiten akzeptables Ergebnis zu erzielen:

Sie sind in der Firma arbeitsmäßig völlig überlastet, erschöpft und wütend deswegen.
Sie haben deshalb die/den Abteilungsleiter(in) angerufen, um Ihre Situation zu schildern. Sie haben Arbeitsentlastung entweder durch eine Halbtagskraft oder durch Befreiung von lästigen Nebenaufgaben verlangt.
Sie stoßen auf kühle Ablehnung. Versuchen Sie, sich durchzusetzen. Drohen Sie mit Einschaltung des Betriebsrats und notfalls mit Ihrer Kündigung.

Ihre Mutter/Ihr Vater ruft Sie Mitte Dezember an und drängt Sie, die Weihnachtstage im Elternhaus zu verbringen.
Sie möchten die arbeitsfreien Tage lieber mit der Familie zu Hause oder mit Freunden beim Skifahren/auf Teneriffa genießen.
Versuchen Sie, Ihre Vorstellungen von Weihnachten und Urlaub behutsam zu erklären – Ihre Mutter/Ihr Vater neigt zu gefühlsbetonten Vorwürfen!
Kündigen Sie einen Besuch nach Neujahr an.

Sie haben Ihr Bankkonto ziemlich überzogen. Zu allem Unglück kommt nun noch eine hohe Autorechnung hinzu, und Reserven haben Sie auch nicht!
Sie wissen nicht, ob die Bank Ihren Verrechnungsscheck für die Werkstatt einlösen wird. Deshalb rufen Sie den Filialleiter an, einen Jungmanager, den Sie nicht leiden können. (Wie's umgekehrt steht, wissen Sie nicht.)
Prompt lehnt dieser Herr Brauchitsch eine noch höhere Überziehung Ihres Kontos ab. Aber Sie brauchen den Kredit! Bleiben Sie sachlich und beharrlich; verweisen Sie auf Ihre Sicherheiten und Angebote von anderen Banken.

S1

Zwei Leute sind am Telefon in Streit geraten: Es geht um einen Immobilienverkauf.
Einer der Gesprächspartner versucht schließlich, die Situation zu entspannen.

1. Finden Sie zunächst heraus, welche Sätze gesagt werden. Kombinieren Sie dazu
   Satzbruchstücke sinnvoll und passend für diese Situation:

1	Nein, ich halte das .....
2	Das würde Ihnen wohl .....
3	Ich wollte Ihnen gerade .....
4	Also das ist wirklich .....
5	Na hören Sie mal: .....
6	Also: Sie entrichten im Verkaufs-fall .....
7	Sie kennen aber offensichtlich ....
8	Na, darauf bin ich .....
9	Wie soll denn bei Ihrer Forde-rung .....
10	Wissen Sie, ich glaube, ...

A	... den Minimalsatz: 1,5%!
B	... ein Mensch ruhig bleiben!?
C	... vom Verkäufer Provision zu verlangen!
D	... aber <u>sehr</u> gespannt!
E	... die Immobilienbranche nicht.
F	... so passen, Sie Schnösel!
G	... wir sollten einmal ganz ruhig überlegen .....
H	... eine Zumutung!
I	... ein Angebot machen.
J	... für eine reine Selbstver-ständlichkeit.

2. Schreiben Sie nun aus den "fertigen" Sätzen einen der Situation angemessenen telefonischen Gesprächsablauf zusammen. Fangen Sie so an:

● *Also, das ist wirklich* _____

○ _____

● _____

○ _____

● _____

○ _____

● _____

○ _____

● _____

○ _____

3. Hören Sie zur Kontrolle dasselbe Telefonat von der Cassette.

- Welche Rollen haben die beiden Sprecher?

- Wer von beiden hat den Gesprächsablauf besser in der Hand? Warum?

- Wie würden Sie an der Stelle des Verkäufers weiterargumentieren?

Schreiben Sie einen Stichwortzettel und spielen Sie weiter!

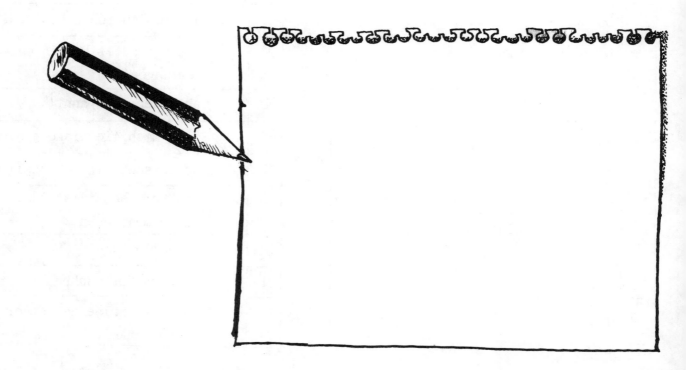

Ein berühmtes Telefongespräch (von Karl Valentin)

Buchbinder Wanninger

Der Buchbindermeister Wanninger hat auf Bestellung der Baufirma Meisel & Co. 12 Bücher frisch eingebunden, und bevor er dieselben liefert, frägt er telefonisch an, wohin er die Bücher bringen soll und ob und wann er die Rechnung einkassieren darf. Er geht in seiner Werkstatt ans Telefon und wählt eine Nummer, wobei man das Geräusch der Wählscheibe hört.

PORTIER Hier Baufirma Meisel & Compagnie!

BUCHBINDERMEISTER Ja hier, hier ist der Buchbinder Wanninger. Ich möcht nur der Firma Meisel mitteilen, daß ich jetzt die Bücher, wo S' bstellt ham, fertig habe und ob ich die Bücher hinschicken soll und ob ich die Rechnung auch mitschicken darf!

PORTIER Einen Moment, bitte!

BUCHBINDERMEISTER Jawohl!

SEKRETARIAT Hier Meisel & Compagnie, Sekretariat!

10 BUCHBINDERMEISTER Ja, hier ist der Buchbinder Wanninger. Ich möcht Ihnen nur mitteilen, daß ich die, die Bücher da wo, daß ich die fertig hab und ob ich die, die Ding da, die Bücher, hinschicken soll und ob ich die Rechnung auch dann mit- gleich hinschicken soll – bitte!

15 SEKRETARIAT Einen Moment, bitte!

BUCHBINDERMEISTER Ja, ist schon recht!

DIREKTION Direktion der Firma Meisel & Co.!

BUCHBINDERMEISTER Ä, hier ist der, der Buchbinder Wa-Wanninger. Ich möcht Ihnen nur, und der Firma Meisel

20 des mitteilen, daß ich die Ding, die Bücher jetzt fertig hab und ob ich dann die Bücher hinschicken soll zu Ihnen und ob ich die Rechnung dann auch gleich mit hinschicken soll – bitte!

DIREKTION Ich verbinde Sie mit der Verwaltung, einen

25 Moment, bitte, gell!

BUCHBINDERMEISTER Ja, ist schon recht!

VERWALTUNG Hier Baufirma Meisel & Co., Verwaltung!

BUCHBINDERMEISTER Ha? Jawohl, hier ist der Buchbinder

30 Wanninger. Ich möcht Ihnen nur mitteilen, daß ich die Bücher jetzt fertig gmacht hab und daß ich s' jetzt hinschick oder daß ich s' hinschicken soll oder ob ich die Rechnung auch dann gleich mit hingeben soll!

VERWALTUNG Rufen Sie doch bitte Nebenstelle 33 an. Sie

35 können gleich weiterwählen.

BUCHBINDERMEISTER So da muaß i glei – jawohl ist schon recht, danke, bitte. *Geräusch der Wählscheibe.* Bin neigieri!

NEBENSTELLE 33 Hier Baufirma Meisel & Compagnie!

40 BUCHBINDERMEISTER Ja, der Ding ist hier, hier ist der – wer ist dort?

NEBENSTELLE 33 Hier Baufirma Meisel & Compagnie!

BUCHBINDERMEISTER Ja, ich hab's dene andern jetzt scho a paarmal gsagt, ich möcht Ihnen nur des jetzt mitteilen

45 Fräulein, daß ich die Dings-Bücher fertig jetzt habe und ob ich die Bücher da zu Ihnen hinbringen soll oder hintrage und die Rechnung soll ich dann vielleicht eventuell auch gleich mitschicken, wenn Sie's erlauben!

NEBENSTELLE 33 Ja, einen Moment mal, ich verbinde Sie

50 mit Herrn Ingenieur Plaschek!

BUCHBINDERMEISTER Wie?

PLASCHECK Hier Ingenieur Plascheck!

BUCHBINDERMEISTER Ja, hier ist die Bau-, hier ist der – wer ist dort? Hier ist der Buchbinder Wanninger. Ich
55 möcht Ihnen nur und der Firma mitteilen, daß ich jetzt die Bücher da fertig gmacht hab, die zwölf Stück, und ob die Bücher dann alle zu Ihnen hinkommen sollen, daß ich s' hintrag und ob ich d' Rechnung auch, auch hinoffe-offerieren sollte, bitte, zu Ihnen!

60 PLASCHECK Ja, da weiß ich nichts davon!

BUCHBINDERMEISTER So!

PLASCHECK Fragen Sie doch mal bei Herrn Architekt Klotz an. Einen Moment mal, bittschön!

BUCHBINDERMEISTER Wia hoaßt der? Was hat denn der für
65 a Nummera? – He! – Herrgottsakrament!

KLOTZ Architekt Klotz!

BUCHBINDERMEISTER Wanninger, Wanninger, ich hab, ich hab a, ich möcht dem Herrn Ingenieur nur das jetzt mit-
70 teilen, daß ich die Bücher schon fertig gmacht hab und die – und ob ich die Bücher jetzt nachher hinschicken soll zu Ihnen, weil ich die Rechnung auch gleich mit dabei hab und die würd ich dann auch gleich – daß ich s' dazu geb vielleicht!

KLOTZ Ja, da fragen Sie am besten Herrn Direktor selbst,
75 der ist aber jetzt nicht in der Fabrik.

BUCHBINDERMEISTER Wo is er nacha?

KLOTZ Ich verbinde Sie gleich mit der Wohnung!

BUCHBINDERMEISTER Na na, na da bin, passen S' auf, hallo!

80 DIREKTOR Ja, hier ist Direktor Hartmann!

BUCHBINDERMEISTER Ja, der Ding is hier, der Buchbinder Wanninger. Ich möcht nur anfragen, ob ich jetzt Ihnen des mitteilen soll wegen de Bücher, weil ich – die hab ich jetzt fertig gmacht in der Werkstatt und jetzt hama
85 s' fertig und ob i s' Ihnen nachher mit der Rechnung auch hin- mitschicken soll, wenn ich – ich hätt jetzt Zeit!

DIREKTOR Ja, ich kümmere mich nicht um diese Sachen. Vielleicht weiß die Abteilung III Bescheid; ich schalte zu-
90 rück in die Firma.

BUCHBINDERMEISTER Wer ist, wo soll i hingehn? – Herr-gottsakrament.

ABTEILUNG III Baufirma Meisel, Abteilung III!

BUCHBINDERMEISTER Ja, der Ding ist hier, der Buchbinder
95 Wanninger, ich hab's jetzt dene andern scho so oft gsagt, ich möchte nur an Herrn Direktor fragn, daß ich die Bü-cher – fragen, daß ich die Bücher jetzt fertig hab und ob ich s' nausschicka soll zu Ihna und d' Rechnung hätt ich auch gschriebn, ob ich die auch gleich mit de Bücher,
100 zamt de Bücher mit zum Herrn – Ihnen hinschicken soll, dann!

ABTEILUNG III Einen Moment, bitte, ich verbinde mit der Buchhaltung!

BUCHHALTUNG Firma Meisel & Compagnie, Buchhaltung!
105 BUCHBINDERMEISTER Hallo, wie?
Ja, der – ich möchte nur der Firma mitteilen, daß ich die Bücher jetzt fertig hab, net, und ich dadat s', dat s' jetzt Ihnen hin- hin- hinoweschicken, hinaufschicken in eichere Fabrik und da möcht ich nur fragen, ob ich auch
110 die Rechnung hin- hinbeigeben, beilegen soll, auch!

BUCHHALTUNG So, so sind die Bücher nun endlich fertig, hören Sie zu: Dann können Sie mir ja dieselben morgen vormittag gleich – ach, rufen Sie doch morgen wieder an, wir haben jetzt Büroschluß!

115 BUCHBINDERMEISTER Wos? Jawohl, ja so, danke – ent-schuldigen S' vielmals! – – Saubande, dreckade!

BAYRISCH-DEUTSCHE LESEHILFEN

4 wo S'bstellt ham = die Sie bestellt haben * 12 da wo = welche ... * 25 gell! = ja? *
29 Ha?'= Wie bitte? * 36 So da muaß i glei =
Ach so, da muß ich gleich * 37-38 Bin neigieri =
Da bin ich aber gespannt * 64 Wia hoaßt der? =
Wie heißt der? * 65 a Nummera = eine Telefon-
nummer * 76 Wo is er nacha? = Wo ist er denn
dann? * 78 Na na, na da bin = Nein nein, nein,
da bin ... * 84-85 jetzt hama's fertig = jetzt
haben wir sie fertig * 98 ob ich s' nausschicka
soll zu Ihna = ob ich sie zu Ihnen hinausschik-
ken soll * 100 zamt de Bücher = zusammen mit
den Büchern * 106-108 net, und ich dadat s',
dat s' jetzt Ihnen hin- hin- hinoweschicken,
hinaufschicken in eichere Fabrik = nicht wahr,
und ich würde ..., ich täte sie Ihnen jetzt
hin... hin... hinunterschicken, hinaufschicken
in eure Fabrik * 115 Wos? Jawohl, ja so = Wie
bitte? Jawohl, ach so * 116 dreckade = dreckige

* * *

Ü1

Falls Sie das "Wanninger"-Gespräch genos-
sen haben: Was löst eigentlich unser Ver-
gnügen aus?

Ü2

Durch welche verschiedenen Faktoren wird
die telefonische Irrfahrt von Meister
Wanninger ausgelöst? Wer macht welche
Telefonierfehler?

Ü3

Wenn Sie Herr Wanninger wären: Wann spätestens würde Ihnen der Kragen platzen?
Was würden Sie dann sagen/machen?

Spielen Sie das Wanninger-Telefonat in
Ihrer eigenen Mundart und mit einem anderen Schluß - dem von Ihnen erfundenen!

1 Die formlose Notiz

Ü1

Vergleichen Sie, was Inge-
borg denkt und was sie auf
dem Zettel notiert:

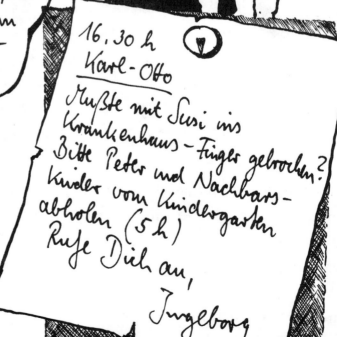

> Ach du Schreck! Das sieht ja so aus, als wäre der Zeigefinger gebrochen! Am besten, ich packe Susi ins Auto und fahre mit ihr ins Krankenhaus ....
> Aber wer holt dann Peter und die Nachbarskinder vom Kindergarten ab? Bis dahin sind wir ja nie zurück! ....
> Das muß Karl-Otto machen, der kommt ja so um fünf nach Hause ! .....
> Also, ich lege ihm einen Zettel hin..., das wird schon klappen...
> Und außerdem kann ich ihm ja auch noch vom Kranken- haus aus anrufen .....

> 16.30 h
> Karl-Otto
> Mußte mit Susi ins Krankenhaus – Finger gebrochen? Bitte Peter und Nachbars- kinder vom Kindergarten abholen (5 h)
> Rufe Dich an,
> Ingeborg

(Fortsetzung Ü1:)

1. Streichen Sie alle Wörter in der Denkblase aus, die auf dem Zettel fehlen.
2. Fehlen in der Notiz wichtige Infor- mationen/Gedanken?
3. Gibt es auf dem Zettel neue Wörter/ Ausdrücke/Gedanken?
4. Untersuchen Sie die Sätze der No- tiz. Wie wäre im Vergleich eine telefonische Mitteilung gleichen Inhalts formuliert?
5. Versteht Karl-Otto die Nachricht ohne Mühe? Würden Sie etwas verbessern?

Ü2

Frau Unruh, Vertriebsleiterin, sitzt am Abend noch im Büro. Da kommt ein Anruf: Todesfall in der Familie. Diese Gedanken schießen ihr durch den Kopf:

Die arme Tante Betty!...

Ja, was tu ich denn da?

Ich glaube, ich muß gleich hinfahren......

Dann fehle ich hier natürlich zwei, drei Tage.....

Da muß ich Frau Stiller eine Nachricht hinterlassen.....

Oh Gott, drei wichtige Termine! Morgen Mehling und Lüdke, übermorgen Dr. Graus —

Gott sei dank, wird alles abgesagt!

Ach und die Meldung der offenen Stellen ans Arbeitsamt muß auch raus!

Den Chef muß sie natürlich auch verständigen...

Ach ja, wann werde ich wohl zurücksein?..... Hm, Donnerstag, 21.11. so um elf.....

Was schreibt Frau Unruh auf diesen Notizzettel an ihre Sekretärin?

18.11.81, 19h/RU

- - - - - - - - - - - - - - - - - -
- - - - - - - - - - - - - - - - - -
- - - - - - - - - - - - - - - - - -
- - - - - - - - - - - - - - - - - -
- - - - - - - - - - - - - - - - - -
- - - - - - - - - - - - - - - - - -
- - - - - - - - - - - - - - - - - -
- - - - - - - - - - - - - - - - - -
- - - - - - - - - - - - - - - - - -

Danke für die Mühe!
Renate Unruh

S1

Je nach Mitteilungsform kann man Bitten, Aufforderungen, Aufträge sehr unterschiedlich formulieren:

Notizzettel/Kurznachricht:
"(Den) Chef verständigen!"

Persönliches Gespräch/Telefonat:
"Bitte verständigen Sie (doch) den Chef." Oder noch höflicher: "Würden Sie bitte den Chef verständigen?"

Formulieren Sie höflicher: 1. Platz machen! 2. Wagen waschen! 3. Brief tippen! 4. Steuer einreichen! 5. Pünktlich erscheinen! 6. Rasen nicht betreten! 7. Kinder selbst abholen! 8. Keine Überstunden machen! 9. Sofort in Urlaub fahren!

2 Die Telefon- oder Gesprächsnotiz in Firmen und Behörden

Herr Schnitker von der Marketing-Abteilung der Firma "Umwelt-Energie" hat soeben ein langes und - wie er meint - für das Unternehmen wichtiges Telefonat mit einer Vertreterin des "Grünland-Instituts" geführt. Sofort danach hält er in Stichworten den Verlauf des Gesprächs und die wichtigsten Informationen fest:

Gesprächs-notiz

Datum: 7. 8. 81

Betrifft: Kooperation mit Grün-land-Institut, Wendenau

(12 Uhr)

☐ Besuch   ☒ Anruf von/bei

Herrn/Frau/Frl.: Linda Fleischmann

Firma: Grünland-Institut e.V.   ☎/FS 05882/1023

Straße/Ort: Friedensstr. 17, 3001 Wendenau

- Mein Brief vom 31. 7. 81 an GI (Anlage)
- Reaktion Fleischmann: Möglichkeiten der Zusammenarbeit erkunden
- Ich: Darstellung unserer Produkte und Entwicklungsprojekte (Solarzellen, Sonnen-dach, Windrad, Biogasanlage)
- Fleischmann + ich: Kooperation kleiner, un-abhängiger Firmen mit Instituten und Bürgerinitiativen nötig, um "neue" Energie-quellen und -techniken zu wirtschaftlich ernstzunehmenden Konkurrenten für heutige Atomkraftwerke zu machen
- Anfrage Fleischmann: Bereitschaft unserer Firma, ihre Kenntnisse und technischen Mög-lichkeiten der Anti-Atomkraft-Bewegung und dem GI zur Verfügung zu stellen?
- Ich: Zusage einer konstruktiven Prüfung innerhalb 6 Wochen.

Anlagen: Briefköpfe   Aufgenommen: Schnitker (Marketing)

Datum:

Erledigt durch
☐ Anruf
☐ FS
☐ Brief
☐ Besuch
☐ Ablage unter

Zchn.

Zweckform Gesprächsnotiz 1018

Ü1

1. Lesen Sie zunächst gründlich Herrn Schnitkers Telefonnotiz (links), diskutieren und klären Sie schwierige oder unverständliche Ausdrücke; versuchen Sie eventuelle "Lücken" in seinen Aufzeichnungen zu finden.

2. Hören Sie nun das Telefongespräch Fleischmann-Schnitker von der Cassette und notieren Sie Stichpunkte zu allen wichtigen Informationen in der richtigen Reihenfolge.

3. Vergleichen Sie Ihre Notizen mit Herrn Schnitkers Aufzeichnungen:
   - Was fehlt bei ihm?
   - Fehlen <u>wichtige</u> Informationen? Welche sind das?
   - Nehmen wir an, Herr Schnitker hat diese Punkte nicht aus Versehen weggelassen. Was könnten seine Gründe dafür sein, etwas Ihnen wichtig Erscheinendes <u>nicht</u> zu notieren?

Ü2

Betrachten Sie die ausgefüllten und die leeren Teile des Gesprächsnotiz-Formulars über und unter dem Stichworttext:

1. Teil <u>über</u> den Notizen:
   - Welche Informationen hat Herr Schnitker hier festgehalten?
   - Wofür werden diese Angaben gebraucht?
   - Können Sie diesen Daten entnehmen,
     a) ob das "Grünland-Institut" staatlich, ein Verein, eine private Firma oder eine Genossenschaft ist?
     b) welche Funktion/Stellung Frau Fleischmann im Institut hat?

2. Vier Wochen nach dem Anruf hat Herr Schnitker den zugesagten Brief an Frau Fleischmann geschrieben. Welche Vermerke schreibt er nun in den bisher leeren <u>unteren</u> Teil seiner Gesprächsnotiz, bevor er sie in die Ablage gibt?

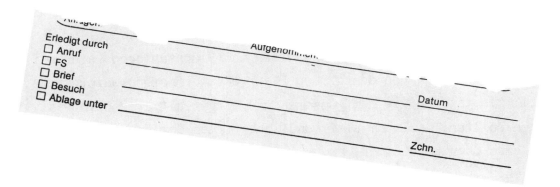

Ü3

Eine Notiz muß man sehr schnell während oder nach dem entsprechenden Telefonat bzw. Gespräch niederschreiben, damit keine wesentliche Information verlorengeht. Sie ist deshalb meist in Stichpunkten oder in verkürzten Sätzen geschrieben - ganz im Gegensatz etwa zum Brief oder Bericht.

Schreiben Sie nun die folgenden "Kürzel" aus Herrn Schnitkers Notiz in vollständige Sätze um, wie sie in seinem Bericht an den Chef stehen könnten:

1. "Reaktion Fleischmann": *Darauf reagierte Frau Fleischmann folgendermaßen:*

2. "Ich": .....

3. "Fleischmann + ich": .....

4. "Anfrage Fleischmann": .....

5. "Ich": .....

6. "Darstellung unserer Produkte": .....

7. "Kooperation kleiner Firmen mit Institutionen und Bürgerinitiativen nötig": .....

8. "Bereitschaft unserer Firma, ihre Kenntnisse zur Verfügung zu stellen": .....

9. "Zusage einer konstruktiven Prüfung in den nächsten 6 Wochen": .....

S1

Frau Fleischmann hat sich alle wichtigen Punkte notiert und dann eine ausführliche Aktennotiz für das Leitungskollektiv des GI geschrieben. Machen Sie daraus eine Telefonnotiz in kurzen Stichpunkten: Streichen Sie!

1. "Ich rief ~~am~~ 7. 8. 81 Herrn Schnitker ~~von der~~ Firma Umwelt-Energie, Jülich, an ~~um~~ herauszufinden, ~~welche~~ Chancen ~~für eine~~ Kooperation ~~mit~~ unserem Institut beste~~hen.~~" *Telefonat 7.8.81 Herr Schnitker, Fa. Umwelt-Energie, Jülich: Erkundung Kooperationschancen*

2. "Ich beschrieb Herrn Schnitker zuerst, warum und zu welchem Zweck das GI gegründet wurde und woran wir zur Zeit arbeiten." .....

3. "Er zeigte sich sehr interessiert an unseren Forschungsprojekten und schilderte dann verwandte Produkte seiner Firma, die z. T. schon auf dem Markt, z. T. aber noch in der Entwicklung sind." .....

4. "Speziell bezüglich der Entwicklung von Solar- und Biogasanlagen waren wir uns einig darüber, daß kleine, von den großen Elektro- und Energiekonzernen unabhängige Firmen mit Instituten wie dem unseren und Bürgerinitiativen intensiv zusammenarbeiten sollten, damit umweltfreundliche Formen der Energiegewinnung überhaupt einmal eine Chance bekommen, auch wirtschaftlich mit den Atomkraftwerken zu konkurrieren." .....

5. "Ich fragte Herrn Schnitker dann direkt, ob und wie weit seine Firma wohl ihre theoretischen Kenntnisse, ihre Erfahrungen und ihre technischen Möglichkeiten der Atomkraftgegner-Bewegung und speziell dem GI zur Verfügung stellen könne und welche finanziellen bzw. sonstigen Bedingungen daran geknüpft seien." .....

6. "Herrn Schnitkers Antwort war zweideutig: Er persönlich würde unseren Wunsch sofort erfüllen, wenn er entscheiden könnte. Für die Firma könne er jedoch nicht sprechen; deshalb müsse unsere Anfrage zunächst darauf geprüft werden, ob sie im Interesse der Firma akzeptabel sei. Spätestens innerhalb 6 Wochen werde uns die Entscheidung seiner Geschäftsleitung mitgeteilt; er hoffe, daß diese 'konstruktiv' ausfallen werde." .....

S2

Der Umweltschutzbeauftragte der Firma "Energieversorgung West AG", Herr Dr. Kern, hat zwei führende Vertreter der regionalen Umweltschutz-Bürgerinitiativen, Frau Wiesel und Herrn Kneip, zu einem Informations- und Meinungsaustausch eingeladen. Man sitzt im EWAG-Konferenzraum:

● Ich freue mich sehr, Frau Wiesel, Herr Kneip, daß wir einmal in Ruhe - sozusagen unter Experten - miteinander über die anstehenden Notwendigkeiten und Probleme sprechen können .....

○ Was meinen Sie mit "Notwendigkeiten", Herr Dr. Kern?

● Sehen Sie, Frau Wiesel, Sie wissen doch genau wie ich, daß spätestens um 1990 herum in unserer Region eine Energielücke klaffen wird, wenn nicht jetzt verstärkt neue Kraftwerke gebaut werden.

oo Natürlich kennen wir diese Standardbehauptung der Energie-Industrie - durch häufige Wiederholung wird sie aber nicht richtiger! Denn erstens gehen Sie noch von Wachstumsraten im Energieverbrauch aus, die Anfang der 70er Jahre geschätzt wurden; wie falsch die heute sind, sieht man schon am jetzigen Strom-Überangebot. Und zweitens ignorieren Sie die kaum angekratzten Möglichkeiten, Energie zu sparen, Energie umfassender zu nutzen und natürliche Energien anzuzapfen!

● Keineswegs! Ich sehe diese drei Bereiche durchaus! Ich wünschte, wir kämen damit allein aus unserem Energie-Dilemma heraus - ich als engagierter Ökologe wünsche mir nichts mehr als die Verhinderung neuer umweltschädlicher Faktoren .....
Aber wir müssen in diesem Land einfach weg vom Öl; und das geht eben nicht ohne mehr Kohle und mehr Kernenergie!

o Nein! Das sehen wir völlig anders: Kohle für eine mittlere Übergangszeit ja, aber nur mit erheblich verbesserten Verbrennungsverfahren; und nur, wenn die "Abfallwärme" aus den E-Werken zum Heizen genutzt wird. Gleichzeitig aber die Milliarden, die jetzt für die Förderung der Atomkraft verpulvert werden, voll in die Erforschung und Ausbeutung alternativer Energiequellen stecken .....

● Und das wären?

oo Sonne, Wind, Gezeiten, Wasser- und Erdwärme, Biogas .....

● Aber Sie kennen doch sicher auch die Schätzungen der Regierung, die den alternativen Energien hierzulande bei optimaler Nutzung höchstens einen Anteil von 10 % am Gesamtverbrauch einräumen?

oo Das ist immerhin schon mehr als das Doppelte des jetzigen Atomenergie-Anteils! Und außerdem gehen diese vagen Schätzungen vom jetzigen Stand der Wissenschaft und Technik aus. Gerade den wollen wir durch massive Förderung aber entscheidend vorantreiben.

● Tja, um eine konkrete Frage anzusprechen: Die EWAG hat vor einiger Zeit die Genehmigung für drei hochmoderne Kernkraftwerke beantragt.

o Das wissen wir. Und wir halten sie für überflüssig und gefährlich .....

Schreiben Sie eine Gesprächsnotiz in kurzen, gegliederten Stichpunkten

- entweder in der Rolle von Dr. Kern an den Vorstand der EWAG
- oder in der Rolle von Frau Wiesel/Herrn Kneip an ihre Verbandsspitze.

3 Förmliche Kurzmitteilungen / Aktennotizen / Vermerke in Firmen und Behörden

Kurz vor Beginn der routinemäßigen wöchentlichen Betriebsratssitzung erhalten die BR-Vorsitzende und ihr Stellvertreter eine Aktennotiz von der Geschäftsleitung. Darin wird ein "heißes" Thema sehr offiziell angepackt; deshalb wird die Aktennotiz in der Sitzung sofort besprochen.

DEUTSCHER SCHULVERLAG
Aktennotiz

An   Frau Schnabel, Herrn Popp/Betriebsrat

Von   Dr. Holl/Geschäftsleitung

Betrifft: Rationalisierung Saisonarbeiten

Seit Jahren ergeben sich regelmäßig im Sommer und im Herbst für unsere Auslieferung Hochs im Arbeitsanfall, bedingt durch saisonale Bestellhäufung. Dies ließ sich bislang nur durch Einstellung von Aushilfskräften bewältigen. Während der Bestelltiefs im Winter und Frühjahr ist jedoch die Stammbelegschaft nicht ausgelastet. Dieser Zustand ist unbefriedigend; welche Lösung sehen Sie?

Bitte um

☒ Stellungnahme / o.k.   ☐ Rücksprache bis _____

☐ Kenntnisnahme   ☒ Weitergabe an   BR-Mitgl.

☐ Wiedervorlage bis _____   ☐ Erledigung bis _____

Anlagen: ☒ Verbleib beim Empfänger   ☐ bitte zurück
EDV-Statistiken Arbeitsanfall Ausl.
Kopie erhält   Herr Maurer/Abt.leiter Ausl.

München,   20. 9. 81/Dr. H-ps

492/43.80

Ü1

Spielen Sie die Betriebsratssitzung und diskutieren/klären Sie u.a. folgende Fragen:

1. Welche Mitarbeiter des Verlags haben laut Aktennotiz Kenntnis von deren Inhalt? Welche haben wohl an ihrer Abfassung mitgewirkt?

2. Welche Unterlagen bekam der Betriebsrat mit der Notiz und welchen Zweck haben diese?

3. Warum hat Dr. Holl gerade die Form der Aktennotiz gewählt, um den Betriebsrat zu informieren, und nicht ein persönliches Gespräch oder einen Anruf?

4. Was genau findet die Geschäftsleitung "unbefriedigend"?

5. Welche Reaktion erwartet sie vom Betriebsrat auf diese Notiz?

Ü2

Nach langer Diskussion hat der Betriebsrat beschlossen, zunächst in Form einer Aktennotiz auf den Vorstoß der Geschäftsleitung zu reagieren. Drei Punkte sollen in der Antwort vorgeschlagen werden: Anhörung der Auslieferungsmitarbeiter zum Problem; Einführung von gleitender Arbeitszeit in der Auslieferung; gemeinsame Besprechung aller Beteiligten (wer ist das?).
Schreiben Sie die Aktennotiz des Betriebsrats an die Geschäftsleitung.
Benutzen Sie dazu das verlagsübliche Formular; wer bekommt Kopien davon, und welche Kästchen kreuzen Sie an?

S1

1. In der Aktennotiz von Dr. Holl gibt es mehrere Abkürzungen:
   - Schreiben Sie alle heraus und daneben die vollständigen Wörter bzw. Wortgruppen, für die sie stehen.
   - Welche dieser Abkürzungen sind allgemein üblich, welche offensichtlich eher typisch für derartige Kurzmitteilungen oder den Sprachgebrauch in einer Firma?
   - Anhand ihrer Schreibweise können Sie zwei unterschiedliche Techniken der Abkürzung erkennen: Welche sind das?

2. Zwei Satzzeichen werden in dieser Notiz häufig verwendet, der Schrägstrich / und der Bindestrich - . Untersuchen Sie alle Verwendungsfälle im Text: Wofür werden diese Satzzeichen hier benutzt?

S2

Testen Sie nun, ob Sie im Schreiben von Aktennotizen/-vermerken fit sind, und zwar an einer Aufgabe, die in der schriftlichen Sekretärinnenprüfung der Industrie- und Handelskammer für München und Oberbayern 1973 gestellt wurde:

Aktennotiz

Sie sind Sekretärin des Personal- und Ausbildungsleiters und erst seit einigen Tagen an dieser Stelle tätig. Der Chef ist abwesend, und Sie können keine fachliche Auskunft geben. Deshalb müssen Sie über das Folgende für Ihren Chef, Herrn Sturm, eine Aktennotiz anfertigen.

Der Mitarbeiter Groß aus der Montageabteilung kommt zu Ihnen und erklärt:

"Ich und noch fünf Kollegen aus unserer Abteilung möchten am nächsten Vorbereitungskurs der Industrie- und Handelskammer München auf die Meisterprüfung teilnehmen. Ich habe schon verschiedenes darüber gehört, möchte aber genau Bescheid wissen über die Unterrichtsfächer, die Dauer und die Kosten. Bitten Sie doch Herrn Sturm, uns Prospekte zu besorgen und dann einen Termin zu nennen, an dem er sich mit uns unterhalten kann.

Ich war auch schon beim Arbeitsamt, weil ich mich nach der Möglichkeit erkundigen wollte, ob man Zuschüsse des Arbeitsamts für diesen Lehrgang erhalten kann. Ich habe aber nur eine recht ungenaue Auskunft erhalten. Herr Sturm sollte uns bei der erbetenen Besprechung auch Näheres über die Förderung nach dem Arbeitsförderungsgesetz mitteilen. Ich nehme an, daß sich in unserer Firma noch mehr Mitarbeiter an einer solchen Weiterbildungsmaßnahme beteiligen würden. Könnte man nicht durch ein Rundschreiben auf diesen Kurs aufmerksam machen? Auch ein Anschlag an den Schwarzen Brettern wäre doch sicherlich nicht schlecht. Und wenn genügend Interesse besteht, könnte man dann nicht innerbetrieblich einen Vorbereitungskurs veranstalten? Wir müssen nämlich vor dem Lehrgangsbeginn eine Aufnahmeprüfung ablegen; soviel ich weiß, wird sie im Oktober des nächsten Jahres stattfinden. Da könnte man ja so einen Vorbereitungskurs sicher noch einplanen. Und dann würde ich noch gerne wissen, ob und wenn ja, wieviel Bildungsurlaub uns zusteht, wenn wir so einen Lehrgang besuchen, und ob es dafür ein eigenes Antragsformular bei uns gibt.

Ich bin von den anderen fünf Kollegen beauftragt, Verbindungsmann zu Herrn Sturm zu spielen. Jetzt gehe ich erst einmal für 14 Tage in Urlaub. Vielleicht ist es möglich, den Besprechungstermin recht bald anschließend festzulegen."

Hören Sie, was Herr Groß sagt, einmal oder mehrere Male von der Cassette bzw. lesen Sie den Text einmal (nicht öfter) durch. Machen Sie dann sofort handschriftliche Notizen zu den wichtigsten Inhaltspunkten. Danach verfassen Sie die Aktennotiz in vollständigen Sätzen; geben Sie über bzw. unter dem Text alle Daten an, die das folgende Formblatt verlangt und die zum Gespräch mit Herrn Groß passen:

4 Der Kurzbrief mit Rückantwortformular

Immer häufiger werden von Firmen, Behörden, Institutionen und Einzelpersonen Formularsätze für Kurzbriefe mit Rückantwort verwendet, wenn wenige, aber präzise Informationen zeitsparend und mit geringem Arbeits- und Verwaltungsaufwand ausgetauscht werden sollen.

Hier ein Beispiel: Der Absender behält einen Durchschlag, der Empfänger bekommt das Original (unten) und schickt seine Rückantwort auf dem ebenfalls beigelegten ersten Durchschlag (rechte Seite).

KURZBRIEF

an Frau Lucie Schneider-Lange

von Paula Seltgen, Volkshochschule

Stellungn.	z. Kenntnis	Erledigung	Prüfung	Genehmig.	Ablage	Unterschr.	Ergänzung
X							
Tag			Antwort-Termin		Antwort-Tag		
7.5.81			15.5.81				

Betrifft   Frauen-Arbeitsgemeinschaft

Mitteilung

Liebe Frau Schneider-Lange,

Sie hatten mir im Herbst '80 angeboten, mit anderen eine VHS-Arbeitsgemeinschaft für Frauen aufzuziehen, die - aus welchen Gründen auch immer - Probleme haben und lernen wollen, sich selbst zu helfen. Unsere VHS hat kommendes Herbst-/Wintersemester die Möglichkeit, eine solche AG organisatorisch und finanziell zu tragen und ins Programm aufzunehmen. - Haben Sie Zeit und Lust, die Sache als "Dozentin" anzukurbeln? Bitte schreiben Sie mir baldmöglichst; unser Programmheft wird am 20. 5. gedruckt. Falls Sie mitmachen: Welcher Abend in der Woche paßt Ihnen, welches Honorar erwarten Sie?

Freundliche Grüße

Ihre Paula Seltgen

Antwort

Absender: Kurzbrief beschriften, zweites Blatt heraustrennen, restlichen Satz an Empfänger.

Empfänger: Auf unterem Teil antworten, Satz trennen, Original behalten, Durchschlag mit Antwort zurücksenden.

ENTWURF + DRUCK DRESCHER KG. 7255 RUTESHEIM

70084

Frau Schneider-Lange heftet das Kurzbrief-Original von Frau Seltgen ab und schickt ihr den Durchschlag mit ihrer Antwort:

KURZBRIEF

an Frau Lucie Schneider-Lange

von Paula Seltgen, Volkshochschule

Stellungn.	z. Kenntnis	Erledigung	Prüfung	Genehmig.	Ablage	Unterschr.	Ergänzung
X							

Tag	Antwort-Termin	Antwort-Tag
7.5.81	15.5.81	9.5.81

Betrifft

Frauen-Arbeitsgemeinschaft

Mitteilung

Liebe Frau Schneider-Lange,

Sie hatten mir im Herbst '80 angeboten, mit anderen eine VHS-Arbeitsgemeinschaft für Frauen aufzuziehen, die - aus welchen Gründen auch immer - Probleme haben und lernen wollen, sich selbst zu helfen. Unsere VHS hat kommendes Herbst-/Wintersemester die Möglichkeit, eine solche AG organisatorisch und finanziell zu tragen und ins Programm aufzunehmen. - Haben Sie Zeit und Lust, die Sache als "Dozentin" anzukurbeln? Bitte schreiben Sie mir baldmöglichst; unser Programmheft wird am 20. 5. gedruckt. Falls Sie mitmachen: Welcher Abend in der Woche paßt Ihnen, welches Honorar erwarten Sie?

Freundliche Grüße *Ihre Paula Seltgen*

Antwort

Liebe Frau Seltgen,

es hat mich sehr überrascht, daß die VHS meine Anregung zu einer Frauen-AG nun doch noch in die Tat umsetzt! Umso schneller möchte ich Ihnen zusagen: Ich mache gerne beim Aufbau der Gruppe mit, notfalls zu Anfang auch als Zugpferd. Allerdings stelle ich mir vor, daß die AG-Frauen nach kurzer Anlaufzeit kollektiv arbeiten und selbst entscheiden, was sie machen wollen. - Zum Honorar: Zahlen Sie mir einfach den üblichen Satz; ich werde das Geld als Startkapital in den Topf der AG werfen. - Zeitlich passen mir alle Abende außer Mittwoch und Samstag. Rufen Sie mich an, sobald der Termin feststeht? Viele Grüße *Lucie Schneider-Lange*

ENTWURF · DRUCK DRESCHER KG. 7265 RUTESHEM

Ü1

1. Welchen "bürotechnischen" Fehler hat Frau Schneider-Lange gemacht, wenn sie den Formularsatz wie beschrieben und abgebildet benutzt? Welche Nachteile könnte sie dadurch später haben?

2. Wie sind Original und erster Durchschlag am besten zu benutzen?

Ü2

Wir versuchen herauszufinden, ob die Verwendung des Formularbriefs mit Rückantwort sich unabhängig von der Beziehung zwischen Absender und Empfänger anbietet.

- Welcher Art ist die Beziehung zwischen Frau Seltgen und Frau Schneider-Lange? Betrachten Sie Briefanreden und abschließende Grußformeln; sind die Formulierungen im Brief aufschlußreich? Kennen sich die beiden schon?

- Welchem Typ von Leuten würden Sie ohne Skrupel oder Unsicherheit einen Kurzbrief mit Antwortformular schicken?

☐ dem Bundeskanzler   ☐ dem Chef einer Konkurrenzfirma

☐ einem Parteifreund   ☐ einem neuen Kunden

☐ Ihrem Parlamentsabgeordneten   ☐ einem guten Dauerkunden

☐ Ihrer Gemeindeverwaltung   ☐ einem alten Geschäftsfreund

☐ dem Touristenbüro Ihres Ferienorts   ☐ einer deutlich älteren Person

☐ Ihrem Rechtsanwalt   ☐ gleichaltrigen Leuten

☐ Ihrer Freundin   ☐ Vorgesetzten

☐ Ihrer Mutter/Schwiegermutter   ☐ Untergebenen

Ü3

Für welche Briefinhalte und Zwecke eignet sich der Formularbrief? Warum? Warum nicht?

☐ Sachinformation
☐ Geburtsanzeigen
☐ Anfragen
☐ Einladungen an Freunde
☐ Reklamationen
☐ Leserbriefe
☐ Rendezvous-Vereinbarung
☐ Geschäftsterminvorschläge
☐ Buchungen/Bestellungen
☐ Urlaubsgrüße
☐ Testament
☐ dienstliche Anweisungen
☐ Warenangebote

Ü4

Was haben die beiden abgedruckten Kurzbriefe von Frau Seltgen und Frau Schneider-Lange mit der Kurzmitteilung/Aktennotiz bzw. mit dem normalen Brief gemeinsam? Untersuchen Sie äußere Form und Formulierung/Inhalt auch auf Unterschiede zu beiden.

Ü5

Einige Besonderheiten des Briefes in der Zeichensetzung und der Rechtschreibung sind auch hier zu beobachten:

1. Welche Satzzeichen stehen nach der Anrede und nach dem abschließenden Gruß?

2. Schreibt man das erste Wort der Anrede und des Grußes groß oder klein? Beginnt das erste Wort des ersten Satzes nach der Anrede normalerweise groß oder klein?

3. Das Anrede-Fürwort (Personalpronomen) <u>Sie</u> und seine Formen (<u>Ihr</u>, <u>Ihnen</u> usw.) schreibt man immer groß. Wie steht es mit den Anredewörtern <u>du/dein/deine/deiner/deinem/deinen</u> und <u>ihr/euch euer/eurem/euren</u> im Brief?

S1

Schreiben Sie nun selbst einen Kurzbrief, und zwar die Rückantwort:

Frau Schneider-Lange hat Frau Seltgens Angebot bekommen, aber sie hat in der Zwischenzeit schon privat eine Frauengruppe gegründet; sie macht den Vorschlag, ihre Gruppe und die VHS-Arbeitsgemeinschaft zusammenzulegen und begründet das.

Benutzen Sie eine Fotokopie des Kurzbrief-Formulars von S. 50, um Ihre Rückantwort niederzuschreiben.

S2

1. In den beiden abgedruckten Kurzbriefen werden wieder einige Abkürzungen verwendet, um Zeit und Platz zu sparen; welche sind das, und was bedeuten sie?

   Bisher kannten wir als Schreibweisen für Abkürzungen entweder mehrere Großbuchstaben (<u>EDV</u>) oder Punkt am Ende der Abkürzung (<u>Mitgl.</u>). In Frau Seltgens Brief kommt eine neue Art von Abkürzung hinzu: Welche ist das, wofür wird sie verwendet?

2. In beiden Briefen kommt der "Gedankenstrich" häufig vor. Wodurch unterscheidet er sich in Schreibweise und Bedeutung vom Bindestrich? Vergleichen Sie die Stellen, wo die beiden "Striche" verwendet sind.

5 Der Brief: Aufbau und Form

a) <u>Die Beschriftung des Briefumschlags</u>

Damit Ihre Briefe deren Adressaten so schnell wie möglich erreichen, sollten Sie sich in den Bestandteilen, der Reihenfolge dieser Teile sowie der räumlichen Anordnung der Umschlagbeschriftung konsequent an die derzeit gültigen postalischen Regeln halten. Das gilt für hand- und maschinengeschriebene Briefe. Hier die Regeln der Deutschen Bundespost (Stand 1981):

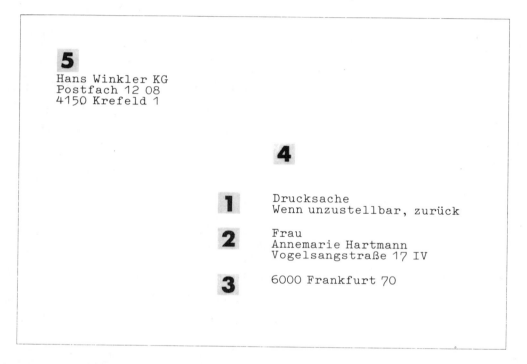

Gliederung der Aufschrift; Absenderangabe

1 Sendungsart (z. B. Drucksache), besondere Versendungsform (z. B. Einschreiben, Eilzustellung), Vorausverfügung (z. B. wenn unzustellbar, zurück).

Danach eine Leerzeile

Reicht der Platz für eine Leerzeile nicht aus, so ist die unterste Zeile mit den Angaben zur Sendungsart, besonderen Versendungsform und Vorausverfügung zu unterstreichen.

2 Name des Empfängers
Zustellangabe (z. B. Vogelsangstraße 17 IV) bzw. Abholangabe (z. B. Postfach 70 11 40).

Danach eine Leerzeile

3 Bestimmungsort in postamtlicher Schreibweise angeben (siehe Verzeichnis der Postleitzahlen und postamtliches Ortsverzeichnis). Den Bestimmungsort mit der Postleitzahl und der Nummer des Zustellpostamts <u>nicht</u> gesperrt schreiben und nicht unterstreichen.
Postleitzahl stets vierstellig vor den Bestimmungsort schreiben (ggf. durch Anhängen von Nullen auf 4 Stellen erweitern).
Nummer des Zustellpostamts hinter dem Bestimmungsort angeben (Besonderheit bei Orten ohne Zustellpostamt siehe Seite 5, Beispiel 4).
Zwischen Postleitzahl und Bestimmungsort sowie zwischen Bestimmungsort und Bezeichnung des Zustellpostamts jeweils einen Abstand von einer Buchstabenbreite einhalten.

4 Alle Zeilen der Aufschrift bitte an einer Fluchtlinie (linksbündig) beginnen.

Absenderangabe

5 Die Absenderangabe soll in der linken oberen Ecke der Aufschriftseite in genügend großem Abstand von der Aufschrift stehen. Sie darf auch auf die Rückseite gesetzt werden. Bestandteile und Anordnung wie bei der Anschrift, jedoch ohne Leerzeile oberhalb des Bestimmungsorts.

Außenseite

Als Außenseite der Briefsendungen werden die während der Beförderung außen liegenden Seiten angesehen. Die Seite, die die Aufschrift trägt, wird als Aufschriftseite bezeichnet, alle übrigen Seiten als Rückseite.
Auf der Außenseite der Standardbriefsendungen (s. Seite 3) dürfen keine fluoreszierenden, phosphoreszierenden oder magnetisierbaren Stoffe vorhanden sein. Ausgenommen sind optische Aufheller in mäßiger Konzentration. Für die Aufschriftseite aller Postsendungen darf kein glänzendes, besonders glattes oder grell leuchtendes Papier verwendet werden.
Das Posttechnische Zentralamt, Postfach 11 80, 6100 Darmstadt, prüft auf Antrag unentgeltlich für Umhüllungen oder Karten in Betracht gezogene Sorten von Papier und Karton.

Wenn Sie einen Brief in andere Länder schicken, muß die Anschrift des Empfängers, manchmal auch die Angabe zu Sendungsart/Versendungsform entsprechend den folgenden Beispielen ergänzt werden:

Einschreiben

VEB Phönix-Apparatewerk
Absatzabteilung
Inselstraße 14/20

DDR-7021 Leipzig

Auf Sendungen in die DDR und nach Berlin (Ost) als Kennung das für den grenzüberschreitenden Kraftfahrzeugverkehr geltende Unterscheidungskennzeichen DDR bitte vor die Postleitzahl setzen und durch einen Bindestrich mit ihr verbinden.

Drucksache zu ermäßigter Gebühr

Herrn
Eberhard Sütterlin
Münsterplatz 8

CH-3000 Bern

Im Auslandsverkehr ist mit folgenden Ländern die Verwendung von Nationalitätszeichen für Kraftfahrzeuge vereinbart. Wenn dieses Kennzeichen vor der Postleitzahl angegeben und durch einen Bindestrich mit ihr verbunden ist, kann auf die Angabe des Bestimmungslandes verzichtet werden.

Land	Kennzeichen	Land	Kennzeichen
Belgien	B	Liechtenstein	FL
Dänemark	DK	Norwegen	N
Finnland	SF	Österreich	A
Frankreich	F	Portugal	P
Island	IS	Rumänien	R
Italien	I	Schweden	S
mit San Marino		Schweiz	CH
und Vatikanstadt		Ungarn	H
Jugoslawien	YU		

Mit Luftpost – By airmail

M. J. B. Brown
260 High Street

Canberra, ACT 2600

Australien

Bei Sendungen nach den übrigen Ländern bitte das Bestimmungsland nach einer Leerzeile unter den Bestimmungsort setzen.

(Die Informationen dieser zwei Seiten sind entnommen aus dem Informationsblatt "Die Post informiert über Aufschrift und Absenderangabe auf Postsendungen", 1980 – erhältlich auf jedem Postamt.)

Ü1

Was bedeuten die postalischen Fachbegriffe Aufschrift, Sendungsart, besondere Versendungsform, Vorausverfügung, Zustellangabe, Abholangabe, Bestimmungsort, Zustellpostamt, Postleitzahl? Finden Sie Beispiele.

Ü2

Beschriften Sie Briefumschläge an:
- Ihre Mutter/Ihren Vater, Bruder usw.
- Ihre Lehrerin/Ihren Lehrer
- Ihren Arbeitgeber
- eine(n) Verwandte(n) / Bekannte(n) in der DDR oder einem anderen Land

S1

Welche Bestandteile/Informationen enthalten die folgenden Umschlag-Aufschriften in welcher Reihenfolge?

Machen Sie für jede Aufschrift eine Liste, tragen Sie die Bestandteile ein und kreuzen Sie solche an, die Sie bisher noch nicht benutzt haben.

①
Frau
Vorname + Name
Vermieter ✗
Straße, Haus-Nr.
Stockwerk
Postleitzahl, Ort

① Frau
Erika Werner
bei Konrad Müller
Gartenstr. 4 II

8580 Bayreuth

③ Wert 2000 DM
Herrn
Ferdinand Christiansen
geb. am 12. 5. 1929
postlagernd

7547 Wildbad

④ Einschreiben – Rückschein

Lehmann und Krause KG
z. H. Herrn Becker
Postfach 10 08 96

5000 Köln 1

⑥ Eilzustellung
Redaktion Deutsch
Langenscheidt Verlag
Postfach 40 11 20

8000 München 40

② Drucksache
Wenn unzustellbar zurück
Herrn Gutsverwalter
Dipl.-Ldw. Otto Winter
Hauptstraße 3

3151 Bekum Post Stekum

⑤ Herrn
Peter Kunde
Beuel
Sebastianusstr. 15

5300 Bonn 3

S2

Machen Sie aus diesen wirren Angaben vorschriftsmäßige Umschlag-Aufschriften. Wo nach Ihrer Meinung etwas fehlt, ergänzen Sie bitte entsprechende Bestandteile:

1. Studienrat a. D. / DDR / Herrn / Leipzig 45 / Meißener Str. 45 II / Walter Bundesmann / 7045

2. Kathrin Wallmann / Marketing-Abteilung / CH / Schaffhauser Str. 780 / Geier & Co. / Zürich / Frau / 8050

3. 8311 / Bussardstr. 2 / Gernot Häublein / Altfraunhofen / Einschreiben / Herrn / D

4. postlagernd / A / Fräulein / Wien / Wert 800 DM / 1130 / Irene Berg

5. z. H. / Postfach 33 72 / Hamburg 33 / Firma / Intertronik KG / 2000 / Herrn

6. USA / Mrs Jane Finchley / Mit Luftpost / 78 Fayerweather Street / Cambridge, MA

7. Frau / Crispinstr. 91 / Wenn unzustellbar / Dortmund 50 / Anne Beil / zurück

b) <u>Der Briefbogen: Textanordnung (nach DIN 5008)</u>

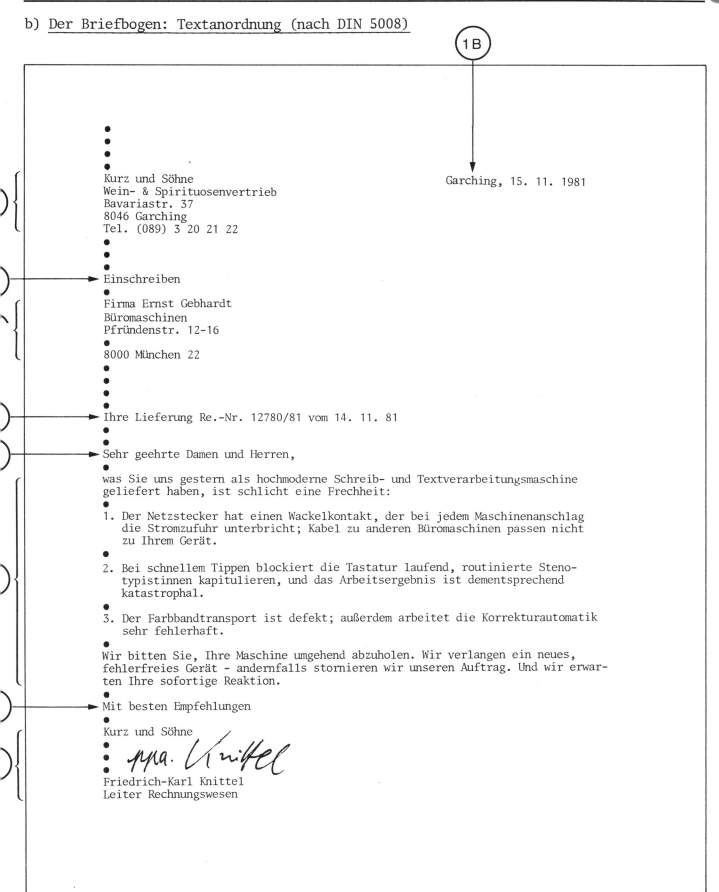

(1B)

Kurz und Söhne
Wein- & Spirituosenvertrieb
Bavariastr. 37
8046 Garching
Tel. (089) 3 20 21 22

Garching, 15. 11. 1981

Einschreiben

Firma Ernst Gebhardt
Büromaschinen
Pfründenstr. 12-16

8000 München 22

Ihre Lieferung Re.-Nr. 12780/81 vom 14. 11. 81

Sehr geehrte Damen und Herren,

was Sie uns gestern als hochmoderne Schreib- und Textverarbeitungsmaschine geliefert haben, ist schlicht eine Frechheit:

1. Der Netzstecker hat einen Wackelkontakt, der bei jedem Maschinenanschlag die Stromzufuhr unterbricht; Kabel zu anderen Büromaschinen passen nicht zu Ihrem Gerät.

2. Bei schnellem Tippen blockiert die Tastatur laufend, routinierte Stenotypistinnen kapitulieren, und das Arbeitsergebnis ist dementsprechend katastrophal.

3. Der Farbbandtransport ist defekt; außerdem arbeitet die Korrekturautomatik sehr fehlerhaft.

Wir bitten Sie, Ihre Maschine umgehend abzuholen. Wir verlangen ein neues, fehlerfreies Gerät - andernfalls stornieren wir unseren Auftrag. Und wir erwarten Ihre sofortige Reaktion.

Mit besten Empfehlungen

Kurz und Söhne

ppa. Knittel

Friedrich-Karl Knittel
Leiter Rechnungswesen

Ü1

Bitte studieren Sie Textanordnung und -aufbau des Briefs anhand des Reklamations-
briefs und der folgenden Erklärungen:

(1A) : Vollständige Adresse des Absenders; keine Leerzeile über der Zeile mit
        Postleitzahl und Ort!

(1B) : Rechts oben, auf Höhe der 1. Zeile der Absenderadresse: Ort, wo, und Datum,
        an dem der Brief geschrieben wurde

(2) : Sendungsart (z. B. "Drucksache"), Versendungsform (z. B. "Einschreiben",
        "Eilzustellung") angeben, vor allem, wenn mit Fensterkuverts versandt wird

(3) : Vollständige Adresse des Briefempfängers; mit Leerzeile über der Postleit-
        zahl/Ort-Zeile!

(4) : "Betreffzeile": Hier gibt man in knappster Formulierung an, worum es in dem
        Brief geht.

(5) : Anredeformel, abgeschlossen durch Komma!

(6) : Brieftext, der mit Kleinschreibung beginnt (falls das erste Wort nicht ein
        Name, ein Substantiv/Hauptwort oder das Anredewort Sie/Ihr/Du/Dein usw. ist);
        zwischen einzelnen Absätzen = inhaltlichen Abschnitten läßt man je 1 Leer-
        zeile!

(7) : Abschließende Grußformel beginnt mit Großbuchstaben, am Ende kein Satz-
        zeichen!

(8) : Unterschrifttext: Firma, Abteilung, handschriftliche Unterschrift (falls nö-
        tig oder üblich mit juristisch wichtigen Zusätzen: i. A. = im Auftrag;
        i. V. = in Vertretung; ppa. = per procura, d.h., der Unterzeichner ist von
        seiner Firma zu selbständigen, rechtlich verbindlichen Handlungen bevoll-
        mächtigt, sie/er ist "Prokurist(in)");
        darunter maschinenschriftlich Vor- und Zuname sowie eventuell die Dienstbe-
        zeichnung oder den Titel des Unterzeichners.

Darunter, nach mehreren Leerzeilen Abstand, können noch folgende Angaben stehen:

cc/Kopie(n)/Durchschlag an: (Namen der Empfänger von Kopien)

Anlagen: (Aufzählung eventuell beigelegter Papiere/Materialien)

S1

Überprüfen Sie die Richtigkeit folgender Feststellungen; korrigieren Sie:

1. Die Adressen von Absender und Empfänger werden räumlich genau gleich ange-
ordnet.

2. Die "Betreffzeile" ist rechts oben
und unterstrichen.

3. Das erste Wort nach der Anrede wird
klein geschrieben.

4. Nach der Anrede steht ein "!",
nach der abschließenden Grußformel
ein Komma.

Der Brief: einige wichtige Inhaltstypen

a) <u>Reklamation, Beschwerde - und Reaktion darauf</u>

Eine geschäftliche Reklamation enthält der Brief auf S. 57. Eine durchaus vergleichbare inhaltliche Struktur hat die private Beschwerde:

Hermine Hager
Veilchenweg 13
8001 Wahnmoching
Tel. (089) 99 66 33

Wahnmoching, 20. 6. 1981

Einschreiben - Rückschein

Herrn Bürgermeister
Sebastian Niedermaier
Rathaus

8001 Wahnmoching

Beschwerde über Nachbarn

Sehr geehrter Herr Bürgermeister,

sicher werden Sie Verständnis für eine alleinstehende ältere Mitbürgerin haben, die sich in ihrer Not mit einer Beschwerde an Sie wendet.

Nach einer Gemeindeverordnung vom März 1980 ist das Rasenmähen mit lautstarken Motormähern werktäglich von 8 bis 12 und von 15 bis 19 Uhr erlaubt, an Samstagen nur bis 17 Uhr und an Sonntagen überhaupt nicht.

Ich habe nichts dagegen, daß meine Nachbarn durchweg Freunde des englischperfekten Rasens sind. Aber es stört mich sehr, daß sie grundsätzlich außerhalb der festgesetzten Mähzeiten ihre knatternden, stinkenden Motoren anwerfen! Seit Wochen kann ich keinen Mittagsschlaf mehr machen, abends dröhnt es bis in die Dunkelheit, und an den Wochenenden finden die reinsten Mähwettbewerbe statt.

Ich habe die Nachbarn mehrfach gebeten, die vorgeschriebenen ausreichenden Zeiten einzuhalten - ohne Erfolg. Deshalb bitte ich heute Sie bzw. die Gemeindeverwaltung einzugreifen: Bitte stellen Sie diese unerträgliche Belästigung ab! Ich finde, es ist an der Zeit für Sie zu handeln.

Mit freundlichen Grüßen

Hermine Hager

Ü1

Vergleichen Sie den geschäftlichen Reklamationsbrief (S. 57) mit dem privaten Beschwerdebrief (S. 59):

- Wie ist die postalische Versendungsart? Was hat diese mit dem Inhalt der Briefe zu tun?

- Sind die beiden "Betreff-Zeilen" gleich deutlich und gleich präzise?

- An welchen Formalien erkennt man den geschäftlich-offiziellen Charakter der Reklamation von Herrn Knittel?

- In welchem Ton sind Anrede und Grußformel gehalten?

- Der Textteil beider Briefe zeigt den dreiteiligen Aufbau: <u>Motivation des Empfängers</u> - <u>Darstellung des Anlasses</u> - <u>Forderung</u>. Welche Absätze in den einzelnen Schreiben gehören jeweils zu diesen Inhaltsschritten?

- Wie unterscheiden sich Taktik und sprachlicher Ton beider Briefschreiber in den drei Inhaltsschritten?

- Was würden Sie in diesen Briefen anders machen? Warum?

Ü2

Je nach Sachlage, aber auch nach Temperament und momentaner Stimmung des Empfängers könnte Herrn Knittels Reklamation mit sehr unterschiedlichen Briefen beantwortet werden. Entscheiden Sie sich für eine der folgenden Reaktionen und schreiben Sie einen formal korrekten Brief:

Sie sind Ernst Gebhardt, Seniorchef der Bürofirma. Sie haben Herrn Knittels Einschreibebrief am 16. 11. erhalten, sofort telefonisch Ersatz für die schadhafte Maschine zugesagt und Ihren Kundendienst mit Abholung/Ersatzlieferung beauftragt.
In einem Eilbrief bestätigen Sie der Firma Kurz & Söhne die telefonischen Absprachen und bitten nochmals um Entschuldigung.

Sie sind die Juniorchefin der Firma, Frl. Ing. grad. Daniela Gebhardt. Sie sind verärgert über den scharfen Ton der Reklamation und denken gar nicht daran, die Firma Kurz & Söhne sofort anzurufen. Sie beauftragen Ihren Kundendienst, die Berechtigung der Mängelrüge zu prüfen und ggf. an Ort und Stelle zu reparieren. All das fassen Sie in einem sehr kühlen, distanzierten Brief an Herrn Knittel (mit Normalpost) zusammen.

Sie sind Herr/Frau Dunkel, Prokurist(in) der Fa. Gebhardt, zuständig für Reklamationen. Nach kurzem Anruf bei Herrn Knittel weisen Sie ihn schriftlich (Einschreiben) nochmals auf folgendes hin: Der Kundendienst prüft die Reklamationen; Maschinen werden nur ersetzt, wenn sie nicht reparierbar sind; moderne Elektronik ist empfindlich. Schreiben Sie höflich, aber formell.

Ü3

Im richtigen Gebrauch das schwierigste Satzzeichen ist das Komma. Und gerade, wenn man jemandem beruflich oder privat einen Brief schreibt, möchte man nicht gerne viele Kommafehler machen; das könnte die Wirkung eines ansonsten hervorragenden Briefes verderben.

Hier einige Beispiele aus Frau Hagers Brief, die besonders häufige und wichtige Funktionen des Kommas zeigen:

① a) eine alleinstehende ältere Mitbürgerin   KEIN KOMMA!

   b) ihre knatternden, stinkenden Motoren   MIT KOMMA!

Grundregel: Das Komma trennt aufgezählte gleichartige Satzteile, hier Beifügungen zu einem Substantiv. Das trifft im Beispiel b) zu: Beide Adjektive beschreiben auf gleiche Weise das Substantiv.
Im Beispiel a) ist das anders: Hier wird der "Gesamtbegriff" ältere Mitbürgerin durch eine Beifügung (alleinstehende) insgesamt näher beschrieben - deswegen kein Komma.
Hilfsregel: Wo man zwei Beifügungen ohne "Störung" mit und verbinden und ihre Reihenfolge umdrehen könnte, steht in der Regel ein Komma.

② a) ... ist das Rasenmähen werktäglich von 8-12 und von 15-19 Uhr erlaubt,
          an Samstagen nur bis 17 Uhr   und
          an Sonntagen überhaupt nicht.

   b) Seit Wochen kann ich keinen Mittagsschlaf mehr machen,
      abends dröhnt es bis in die Dunkelheit,

      und   an den Wochenenden finden die reinsten Mähwettbewerbe statt.

Grundregel: Selbständige Hauptsätze, die jeweils eigenes Subjekt und Prädikat haben, werden in einer Satzreihe durch Kommas voneinander getrennt, auch wenn sie mit und verbunden sind. Das trifft auf Beispiel b) zu.
Im Beispiel a) dagegen sind der zweite und dritte Teilsatz mit dem ersten über gemeinsames Subjekt und Prädikat verbunden, deshalb kein Komma vor dem und!

③ a) Deshalb bitte ich Sie bzw. die Gemeindeverwaltung einzugreifen.

   b) Ich habe die Nachbarn gebeten, die Zeiten einzuhalten.

Grundregel: Wird der Verb-Infinitiv + zu um mindestens ein Wort erweitert, so wird der ganze Ausdruck vom restlichen Satz durch Komma(s) abgetrennt. Das zeigt Beispiel b).
Der nicht erweiterte Infinitiv + zu in Beispiel a) wird nicht abgetrennt!

Suchen Sie in den beiden Briefen auf S. 57 und S. 59 andere Beispiele dieser Arten, Kommas (nicht) zu verwenden, und machen Sie drei Listen.

S1

Schreiben Sie Bürgermeister Niedermaiers Antwortbrief auf Frau Hagers Beschwerde.
Suchen Sie sich eine bestimmte Stimmung und einen zugehörigen sprachlichen "Ton" aus,
mit dem Sie den Brief des Bürgermeisters färben wollen, z.B.: ruhig/viel Zeit -
höflich, freundlich; ärgerlich/unter hektischem Zeitdruck - förmlich, kurz angebunden.

S2

Lesen Sie die Zeitungsnotiz rechts.
Versuchen Sie, den Beschwerdebrief der
betroffenen Frau nachzuempfinden und zu
schreiben.
Namen und Adressen können Sie frei
erfinden.

Mit dem Panzer zum Brotzeitholen?

München. (dpa) Eine Münchner Hausfrau will
genau wissen, warum andauernd Bundeswehr-
panzer an ihrer Wohnung vorbeidonnern. Ein
halbes Jahr lang notierte sie sich jeden einzelnen Panzer mit Nummer und genauen Fahrzei-
ten. Jetzt klagte sie Oberbürgermeister Erich
Kiesl ihr Leid. Sie will wissen, ob die Soldaten
der Bundeswehrkaserne mit dem Panzer zum
Brotzeitholen fahren.

Der Standortkommandant ordnete umgehend
— wie er am Montag auf Anfrage mitteilte —
eine Untersuchung sämtlicher Panzerfahrbewe-
gungen der letzten Zeit an. Schon jetzt ist für
ihn aber „ziemlich abwegig, daß einer mit dem
Panzer zum Brotzeitholen fährt". Sein Kommentar: „Ich kann mir Bequemeres vorstellen".

S3

Schreiben Sie einen Reklamationsbrief
an Ihre Autowerkstatt: Sie haben schon
zweimal Ihre stark nach links ziehenden
Bremsen reparieren lassen, aber jedesmal
wurde der Fehler schlimmer. Fordern Sie
Ihr Geld unter Terminstellung zurück!

S4

Ihre Nachbarn schicken trotz Ihrer häufi-
gen Mahnungen ihre Hunde nach wie vor zum
"Geschäftchenmachen" auf Ihren gepflegten
Rasen vor dem Haus. Schreiben Sie einen
Beschwerdebrief an die Gemeindeverwaltung,
Ordnungsamt, und fordern Sie polizeiliche
Maßnahmen und Verbotsschilder.

b) <u>Die Kündigung</u> (eines Arbeitsverhältnisses, eines Kauf- oder Mietvertrages)

Eva Nickel   Hannover, 15. 5. 1981
Harzburger Str. 13 IV
3000 Hannover-Buchholz

Einschreiben

Frau
Adele Wulfius
Geheimrat Wulfius'sche Immobilien-KG
Platanenring 101-103

3000 Hannover

Kündigung meines Arbeitsverhältnisses zum 30. 6. 1981

Sehr geehrte Frau Wulfius,

nachdem mehrere ausführliche Gespräche mit meinem Abteilungsleiter,
Herrn Patzke, und mit Ihnen im Verlauf der letzten Monate nicht zum
Abbau meiner Arbeitsüberlastung und auch nicht zu einer Gehaltser-
höhung geführt haben, kündige ich hiermit mein Arbeitsverhältnis mit
Ihrer Firma fristgemäß zum Ende des laufenden Quartals, dem 30. 6. 1981.

Bitte seien Sie so freundlich, mir so bald wie möglich ein ausführ-
liches Arbeitszeugnis mit genauer Beschreibung aller von mir ausge-
übten Tätigkeiten auszustellen, weil ich dieses für laufende Stellenbewerbungen brauche.

Selbstverständlich bin ich gerne bereit, meine(n) Nachfolger(in) bis
zum Zeitpunkt meines Ausscheidens einzuarbeiten; ich mache allerdings
darauf aufmerksam, daß ich vor Quartalsende noch den mir zustehenden
Urlaub von 13 Arbeitstagen nehmen möchte.

Mit freundlichen Grüßen

Eva Nickel

Ü1

Das Kündigungsschreiben ist für Arbeitnehmer und Arbeitgeber ein rechtlich, oft auch finanziell sehr wichtiges Dokument. Deshalb sollte es gut durchdacht sein und keine Fehler oder Lücken enthalten, die einem schaden könnten. Untersuchen Sie Frau Nickels Kündigungsbrief:

- Warum schickt sie den Brief per Einschreiben?
- Welche Kündigungsfrist laut Gesetz/Tarifvertrag/Arbeitsvertrag muß Frau Nickel wohl einhalten? Hat sie die Frist mit diesem Brief gewahrt?
- Ist der Brief formal korrekt? Was würden Sie verbessern?
- Ist die Absicht des Schreibens - nämlich die Vertragskündigung - klar und deutlich? Wie oft und an welchen Stellen wird diese zentrale Absicht formuliert?
- Welche Rechtsansprüche meldet Frau Nickel zu Recht hier an?
- Muß der Arbeitnehmer/Arbeitgeber in seinem Schreiben Kündigungsgründe angeben?
- Wie baut Frau Nickel sprachlich-taktisch den ersten entscheidenden Textabsatz auf? Welche Wirkung hat dieser Satz- und inhaltliche Aufbau auf den Leser?
- Welches positive Angebot macht Frau Nickel? Wie schränkt sie es ein?
- Welche Wörter/Ausdrücke im Brief haben juristischen Charakter?
- Ist der Ton des Schreibens angemessen - zu hart - zu unterwürfig?

Ü2

In der privaten und beruflichen Korrespondenz werden Anrede- und Grußformeln meist in festen Kombinationen verwendet. Ermitteln Sie die nach Ihrer Meinung stimmigen "Paare"; viele Anrede- und Grußformeln lassen sich mehrfach kombinieren!

Sehr geehrte Damen und Herren,	*Gruß und Kuß*
Liebe Inge / Lieber Karl,	Hochachtungsvoll
Verehrter Herr Professor,	*In Liebe*
Liebster Sohn,	Mit besten Empfehlungen
Hochverehrte gnädige Frau,	Gruß
Sehr geehrte Frau Braun, /	Herzlichst
Sehr geehrter Herr Schwarz,	Viele Grüße
Geliebte Susi ♥	Mit freundlichen Grüßen
Liebe Frau Schmidt, /	Herzliche Grüße
Lieber Herr Kunze,	*Bis bald*

Dein / *Deine* / Ihr / Ihre

Ü3

Beurteilen Sie die gefundenen Anrede-Gruß-Paare nach der zugehörigen persönlichen Beziehung zwischen Schreiber und Empfänger. Ordnen Sie etwa nach folgenden Überschriften:

Sehr steif Formell Altmodisch	Neutral Verbindlich	Freundlich Höflich	Freundschaftlich Locker	Sehr gefühlsbetont

S1

Sie wissen jetzt, was Sie bei einem Kündigungsbrief unbedingt beachten müssen und was sprachlich und in der Form angemessen ist:
Einhalten der Kündigungsfrist; präzise Formulierung der Kündigungsabsicht; Nennen des Kündigungstermins; möglichst Angabe von Kündigungsgrund; Anmelden von noch zustehenden Rechten/Leistungen aus dem Vertrag; Sendung per Einschreiben; geeignete Anrede und Grußformel; ein Ton, der der Beziehung zum Empfänger des Briefes angemessen ist; Aufpassen auf juristisch wichtige Wörter.

Schreiben Sie nun zwei Kündigungsbriefe:

Sie haben vor 4 Tagen ein neues Auto bestellt. Soeben fällt Ihnen ein sehr negativer Testbericht über das bestellte Modell in die Hand.
Sie beschließen, vom Kaufvertrag zurückzutreten. Das können Sie nach den gesetzlichen Vorschriften innerhalb von 7 Tagen nach Vertragsabschluß.
Ton: höflich-bedauernd, aber fest.
Bitten Sie um schriftliche Bestätigung der Vertragsauflösung.

Sie haben für Ihre sechsköpfige Familie endlich eine größere Wohnung gefunden.
Kündigen Sie Ihre alte Wohnung zum frühesten Termin: Heute ist der 29. September, Ihre Kündigungsfrist laut Mietvertrag ist 3 Monate zum Quartalsende.
Bieten Sie Besorgung von Nachmietern an und bitten Sie den Vermieter um einen Besuch, damit er die Wohnung besichtigt und Ihnen genau sagt, was er renoviert haben möchte. Als Auszugstermin geben Sie die Woche nach Weihnachten an.
Bedanken Sie sich für das gute Verhältnis und erinnern Sie nebenbei an die Rückzahlung Ihrer verzinsten Kaution.
Ton: sachlich, freundlich.

c) <u>Der Leserbrief</u>

Frankfurter Rundschau,
30. 10. 1980 ▼

Ratzinger: Pille half nicht
Kardinal prangert „beleidigende Entwicklungshilfe" an

MÜNCHEN, 30. Oktober (AP). Nach Auffassung des Erzbischofs von München und Freising, Kardinal Joseph Ratzinger, ist in Deutschland ein anderer Umgang mit den Ländern der Dritten Welt notwendig. Ratzinger kritisierte am Donnerstag in München die Entwicklungshilfe der westlichen Staaten, die zumeist mit der „Pression zur Kontrazeption" verbunden werde. Der Kardinal verwies dabei auf Schilderungen kirchlicher Würdenträger der Dritten Welt bei der römischen Bischofssynode zum Thema Geburtenkontrolle.

Ratzinger sprach in diesem Zusammenhang von „beleidigender Entwick-lungshilfe, Mißachtung der Überzeugungen der Menschen und Herumtrampeln auf deren Gewissen". Die Pille habe in den Entwicklungsländern bisher kaum zur gewünschten Verminderung der Menschen geführt. Grundsätzlich sollte die Frage erörtert werden, ob es statt dieser Manipulation der Frau nicht bessere und humanere Möglichkeiten gebe.

Ratzinger sprach sich auch gegen den vor allem in fernöstlichen Ländern zunehmenden „Prostitutionstourismus" aus. Es gehe den Bischöfen nicht darum, die Sexualität in ein Korsett von Verboten zu drängen, sondern ihre humane Würde zu sichern.

Frankfurter Rundschau, 26. 11. 80
▼

Freie Aussprache

„Pille half nicht" ist falsch

In einem Beitrag am 31. 10. mit dem Titel „Ratzinger: Pille half nicht" werden Äußerungen des Kardinals Ratzinger zitiert, die eine unglaubliche Verdrehung von Tatsachen bedeuten.

Im Gegensatz zu der von ihm behaupteten „Pression zur Kontrazeption" besteht in den stark katholisch geprägten Ländern Lateinamerikas eine ganz ausgeprägte Pression der katholischen Kirchenführung gegen jegliche (über die völlig unzulängliche sogenannte „natürliche Methode" hinausgehende) Maßnahme zur Beschränkung der Geburtenziffer, insbesondere gegen die Verwendung der Pille.

Wie steht es mit der von ihm beklagten „Mißachtung der Überzeugung der Menschen und Herumtrampeln auf deren Gewissen", wenn durch die Pressionen der katholischen Kirche arme Indianerinnen mit vier oder mehr Kindern gegen ihren Willen gezwungen werden, noch weitere Kinder in die Welt zu setzen oder, vielleicht was noch schlimmer ist, sie abzutreiben?

Die Behauptung Ratzingers, „die Pille habe in den Entwicklungsländern kaum zur Verminderung der Menschen geführt", ist in ihrer Pauschalität einfach falsch. Das beweist ein Blick auf die Geburtenstatistik in einer Reihe fernöstlicher Länder, in denen die Propagierung empfängnisverhütender Maßnahmen zu einem erheblichen, wenn auch immer noch nicht ausreichenden Rückgang der Geburtenziffern geführt hat. Natürlich kann der angeblich auch von Herrn Ratzinger gewünschte Rückgang der Geburtenziffern nicht eintreten, wenn Kräfte, die vor allem in der katholischen Kirche, aber auch im Islam wurzeln, alles tun, um eine vernünftige Anwendung empfängnisverhütender Maßnahmen zu verhindern.

H. Heise, OStudDir., Berlin

Veröffentlichungen in dieser Rubrik sind keine redaktionelle Meinungsäußerung. Die Redaktion behält sich das Recht auf Kürzung vor.

Ü1

Zwischen dem Brief, den man als Stellungnahme zu einem Zeitungs- oder Zeitschriftenartikel an die zuständige Redaktion schickt, und dem Text, der dann in der Publikation abgedruckt wird, gibt es einige rein formale Unterschiede: welche und warum? Aber auch inhaltliche Abweichungen sind denkbar: welche? Betrachten Sie vor allem Überschriften und die redaktionelle Anmerkung oben.

Ü2

Lesen Sie kritisch und vergleichend den Zeitungsbericht <u>Ratzinger: Pille half nicht</u> und den darauf Bezug nehmenden Leserbrief <u>"Pille half nicht" ist falsch</u>.

Prüfen Sie, ob Sie folgende Feststellungen zum Leserbrief aus unserem Textbeispiel belegen können:

1. Leserbriefe beziehen sich auf einen bestimmten Beitrag, der vorher in derselben Publikation erschienen ist.

2. Entsprechende Hinweise stehen ganz präzise am Anfang des Leserbriefs.

3. Das Motiv der meisten Leserbriefe ist entschiedener Widerspruch oder unterstützende Zustimmung zu einem Beitrag.

4. Der Leserbrief argumentiert betont sachlich und versucht, Behauptungen zu belegen oder zu widerlegen.

5. Leserbriefe neigen zu scharfen Formulierungen.

6. Sie sind mit Namen und meist auch Wohnort ihrer Verfasser unterschrieben.

Ü3

Suchen Sie in Herrn Heises Leserbrief Formulierungen für Widerspruch und Kritik; stellen Sie diesen aus Ihrem Gedächtnis entgegengesetzte Formeln für Zustimmung und Verstärkung gegenüber; ergänzen Sie diese Listen um Ihnen bekannte Ausdrücke:

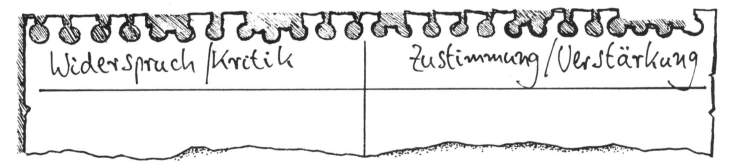

Widerspruch/Kritik	Zustimmung/Verstärkung

S1

1. Schreiben Sie selbst einen Leserbrief
   - zum links abgedruckten Zeitungsartikel;
   - zu Herrn Heises Leserbrief (zustimmend oder ablehnend).

2. Verfassen Sie einen Leserbrief, in dem Sie Ihre eigene Meinung zu einem von Ihnen selbst ausgewählten Zeitungsartikel, der Sie zur Zustimmung oder Kritik anregt, knapp und präzise darlegen. Begründen Sie Ihre Behauptungen; suchen Sie scharfe, witzige Formulierungen; beachten Sie die Konventionen des Leserbriefs (siehe Ü2).

7 Das Telex (Fernschreiben)

Das Telex verbindet Vorzüge des Briefs und des Telefonats: Einerseits haben Absender und Empfänger eine gleichlautende und rechtlich (wie ein Brief) verbindliche schriftliche Unterlage. Zum anderen ist das Telex beinahe genauso schnell beim Adressaten wie ein Telefonanruf. Deshalb wird der Fernschreiber von Firmen und Behörden für besonders eilige Nachrichten eingesetzt, die zugleich eines schriftlichen Nachweises bedürfen.

Ein häufiges Beispiel: Hotelbuchung .....

```
5215533 tour d
5215379 lkgm d

von langenscheidt kg
an tourotel
redaktion 28.04.

erbitten zimmerreservierungen wie folgt:
1. einzelzimmer mit bad oder dusche 15. - 17.05.81 fuer herren fink,
   dr.gerhard, hauber, dr.meier, schering, dr.wilhelm.
2. einzelzimmer mit bad oder dusche 15. - 16.05.81 fuer herren dr.bauemer,
   eder.
3. konferenzzimmer "linz" von fr 15.05. abends bis so 17.05. nachmittags.

aufgeschluesselte sammelrechnung ueber alle kosten inkl. speisen und
getraenke direkt an uns.

erbitten umgehend bestaetigung. danke.

+

5215533 tour d
5215379 lkgm d
```

..... und Bestätigung

```
5215379 lkgm d
5215533 tour d

von tourotel
an langenscheidt kg  redaktion
28.04.
ihr telex vom 28.04.

bestaetigen ihr telex. reservierungen ok. danke

+

5215379 lkgm d
5215533 tour d
```

Ü1

Nach dem "Amtlichen Verzeichnis der Telexteilnehmer" der Deutschen Bundespost ist ein Fernschreiben folgendermaßen aufzubauen:

Form einer Telexnachricht	
(1) Kennung des erreichten Anschlusses	(Telex-Nummer des Empfängers)
(2) Kennung des eigenen Anschlusses	(Telex-Nummer des Absenders)
(3) von	(Name/Firma des Absenders und Ort)
(4) an	(Name/Firma des Empfängers und Ort)
(5) Geschäftszeichen/Datum	
(6) Dringlichkeitsvermerk	(falls erforderlich)
(7) Betreff	(Sachangabe, Person, Abteilung oder dergleichen)
(8) Bezug	(Geschäftszeichen des Empfängers)
(9) [Text]	
(10) Endezeichen	(+, falls Dialog oder sofortige Antwort gewünscht wird: +?)
(11) Kennung des erreichten Anschlusses	(Telex-Nummer des Empfängers)
(12) Kennung des eigenen Anschlusses	(Telex-Nummer des Absenders)

- Untersuchen Sie die beiden Fernschreiben links darauf hin, welche dieser 12 Formelemente sie enthalten; schreiben Sie einfach die entsprechende Nummer (wie oben) neben den zugehörigen Textabschnitt.
- Warum können in diesen beiden Fernschreiben verschiedene Elemente des Telex fehlen?

Ü2

1. Die Sätze des Textteils (Nr. 9) sind in Fernschreiben meist stark verkürzt. Ergänzen Sie in beiden Texten (links) die verkürzten Sätze zu grammatisch vollständigen Sätzen. Welche Satzteile und Wortarten wurden insbesondere weggelassen?

2. In Fernschreiben (FS) werden viele genormte (siehe S. 70), aber auch viele sonstige Abkürzungen verwendet, um Zeit, Platz und damit Geld zu sparen. Schreiben Sie eine Liste mit Abkürzungen aus unseren beiden Fernschreiben (links) heraus und finden Sie die Vollformen dazu:

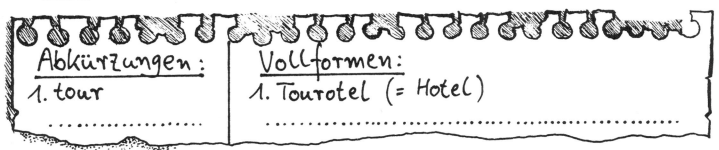

Abkürzungen:
1. tour

Vollformen:
1. Tourotel (= Hotel)

3. Abgesehen davon, daß es beim Telex keine Großbuchstaben und keine Umlautzeichen gibt, auch kein ß -, weichen insgesamt Rechtschreibung und Zeichensetzung in Fernschreiben häufig "vom Duden" ab. Tempo und Verständlichkeit sind wichtiger als Korrektheit. Trotzdem: Finden Sie Mängel in Schreibung, Satzzeichen und Form bei beiden FS (links)?

Ü3

Für den internationalen Telexverkehr im allgemeinen und für die telegrafische Hotelbuchung im speziellen sind internationale Abkürzungen vereinbart worden, die auf
englischen und z. T. französischen Ausdrücken beruhen. Bitte studieren Sie die folgenden erklärten Abkürzungen:

Kurzzeichen im internationalen Telexdienst

abs	Teilnehmer abwesend	occ	der verlangte Teilnehmer oder alle Leitungen sind besetzt
bk	ich trenne		
cfm	bitte bestätigen Sie	ok	einverstanden
col	ich gebe — / bitte geben Sie — } die Wiederholung der Teile der Nachricht, die einer Vergleichung bedürfen	p oder Ziffer 0	stellen Sie bitte Ihre Übermittlung ein
		ppr	Papier
crv	wie empfangen Sie?	qga	darf ich übermitteln?
der	es liegt eine Störung vor	qok	einverstanden?
der bk	es liegt eine Störung vor, ich trenne	r	erhalten
der mom	es liegt eine Störung vor, schalten Sie bitte nicht ab, wir prüfen die Verbindung	rap	ich werde Sie wieder anwählen
		rpt	wiederholen Sie bitte / ich wiederhole
df	Sie stehen mit dem verlangten Teilnehmer in Verbindung	rpt aa	rpt alles nach . . . . .
dif	verschieden	rpt ab	rpt alles vor . . . . .
e e e	Irrungszeichen	rpt all	rpt die vollständige Nachricht
fin	ich habe nichts zu übermitteln	rpt wa	rpt Wort nach . . . . .
fin?	ist die Übermittlung beendet?	rpt wb	rpt Wort vor . . . . .
ga	Sie können mit der Übermittlung beginnen	svp	bitte
inf	der Teilnehmer ist vorübergehend nicht erreichbar, rufen Sie den Auskunftsplatz an	tax	wie hoch ist die Gebühr? / die Gebühr beträgt . . . .
mns	Minuten	test msg	bitte senden Sie einen Prüftext
mom	bitte warten	thru	Sie sind mit einem internationalen Telexplatz verbunden
mom ppr	bitte warten, ich habe Papierstörung		
mut	entstellt	tpr	Fernschreibmaschine
na	Verkehr mit diesem Teilnehmer nicht zulässig	w	Wort/Wörter
nc	z. Z. sind keine Leitungen frei	wru	wer sind Sie?
nch	die Telexnummer des Teilnehmers hat sich geändert	wtg	ich warte
		ynr?	welche Telexnummer haben Sie?
np	der Verlangte ist nicht oder nicht mehr Teilnehmer	+?	ich habe meine Übermittlung beendet, Sie können jetzt senden
nr	geben Sie Ihre Telexnummer an / meine Telexnummer ist	++	Ende des Nachrichtenaustausches

Internationaler Hotelschlüssel für telegrafische Zimmerbestellung

Bei der Bestellung von Zimmern ist anzugeben:
1. Anzahl der Zimmer unter Angabe, ob Einzelzimmer oder Mehrbettzimmer gewünscht.
2. Datum und ungefähre Ankunftszeit.
3. Dauer des Aufenthaltes (unverbindlich).
4. Name und genaue Heimatanschrift des Bestellers.

Alle anderen Einzelheiten, für welche keine Code-Wörter vorgesehen sind, werden auf normale Weise telegrafiert.

1 Zimmer mit 1 Bett	ALBA
1 Zimmer mit 1 großen Bett	ALDUA
1 Zimmer mit 2 Betten	ARAB
1 Zimmer mit 3 Betten	ABEC
2 Zimmer mit je 1 Bett	BELAB
2 Zimmer mit 2 + 1 = 3 Betten	BIRAC
2 Zimmer mit je 2 Betten	BONAD
3 Zimmer mit je 1 Bett	CIROC
3 Zimmer mit 2 + 1 + 1 = 4 Betten	CARID
3 Zimmer mit 2 + 2 + 1 = 5 Betten	CALDE
3 Zimmer mit je 2 Betten	CADUF
4 Zimmer mit je 1 Bett	DANID
4 Zimmer mit je 2 Betten	DIROH
5 Zimmer mit je 1 Bett	EMBLE
5 Zimmer mit je 2 Betten	ERCAJ
6 Zimmer mit je 1 Bett	FELAF
6 Zimmer mit je 2 Betten	FERAL

Kinderbett	KIND
Wohnraum	SAL
Privatbad	BAT
Dienstbotenzimmer	SERV
Zimmer mit guter Aussicht	BELVU
Zimmer zum Hof	INTER
Zimmer sehr ruhig gelegen	TRANQ
Zimmer ohne fließendes Wasser	ORDIN

Art der Zimmer	sehr gut	BEST
	gut	BON
	einfach	PLAIN
Aufenthaltsdauer	1 Nacht	PASS
	mehrere Nächte	STOP

Box für 1 Fahrzeug	BOX
Gewöhnliche Garage für 1 Fahrzeug	GARAG
Abholung vom Bahnhof	TRAIN
Abholung vom Flugplatz	AERO
Abholung vom Hafen	QUAI
Abholung vom Autobus-Endpunkt vom Flugplatz	AEROZ

Ankunft	morgens	nachmittags	abends	nachts
Sonntag	POBAB	POLYB	RABAL	RANUF
Montag	POCUM	POMEL	RACEX	RAPIN
Dienstag	PODYL	PONOW	RADOK	RAQAF
Mittwoch	POGOK	POPUF	RAFYG	RATYZ
Donnerstag	POHIX	PORIK	RAGUB	RAVUP
Freitag	POJAW	POSEV	RAHIV	RAWOW
Sonnabend	POKUZ	POVAH	RAJOD	RAXAB

Heute morgen	POWYS
Heute nachmittag	POZUM
Heute abend	RAMYK
Heute nacht	RAZEM
Abbestellung von Zimmern	ANUL

S1

Machen Sie aus dem folgenden "Langtext" ein Fernschreiben:

1. Streichen Sie alle verzichtbaren Wörter ohne Information.

2. Benutzen Sie so viele Abkürzungen aus beiden Listen wie möglich.

"Wir bestellen zwei Doppelzimmer mit Privatbad und guter Aussicht, Kategorie 'gut', vom 01. 08. - 14. 08. 82. Wir kommen Sonntag nachts an: Bitte holen Sie uns vom Flughafen ab; sind Sie damit einverstanden? Unsere Adresse ist .....
Bitte bestätigen Sie diese Buchung sofort. Ich warte 30 Minuten am Fernschreiber. Ich habe meine Übermittlung beendet, Sie können jetzt senden."

8 Das Telegramm: der stark verkürzte Brief

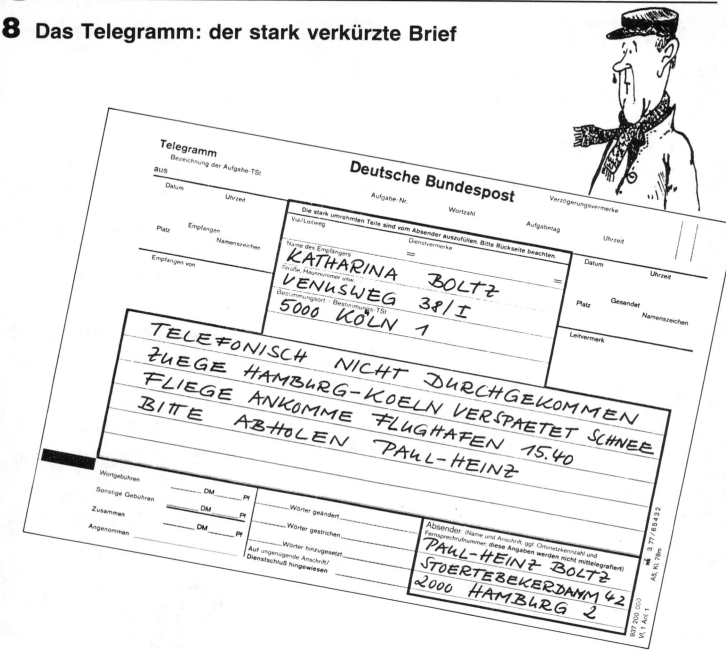

Ü1

1. Wie viele Wörter würde ein Brief etwa umfassen, in dem Herr Boltz seiner Frau dieselbe Information wie mit diesem Telegramm übermitteln wollte? Schreiben Sie einen solchen Brief und zählen Sie die Wörter von der Anrede bis zur Namensunterschrift. Vergleichen Sie die Wortzahl des Telegramms.

2. Streichen Sie nun alle Wörter in Ihrem Brieftext aus, die im Telegramm <u>nicht</u> für das eindeutige Verstehen der gewünschten Information benötigt werden.

3. Welche Wortarten werden grundsätzlich, welche häufig gestrichen? Wie beurteilen Sie diese Beobachtungen?

Ü2

Frau Boltz antwortet ihrem Mann sofort mit einem dringenden Telegramm, damit sie ihn noch vor der Abreise im Hotel erreicht:

Sie könne ihn nicht vom Flughafen abholen, weil sie eine verunglückte frühere Bekannte im Krankenhaus besuchen müsse. Er solle deshalb vom Flughafen mit dem Bus nach Hause fahren. Sie selbst werde zwischen 17 und 18 Uhr heimkommen.

Übermitteln Sie diese Informationen in einem Telegramm mit minimaler Wortzahl!

S1

1. Welche Zeitformen (Tempora) von Zeitwörtern (Verben) finden sich vollständig oder verkürzt im Telegrammtext von Herrn Boltz? Halten Sie die Verwendung auch anderer Zeitformen im Telegramm für sinnvoll/notwendig/üblich?

2. Schreiben Sie die beiden ersten Sätze des Telegramms in der Form der Erzählvergangenheit (Präteritum), den dritten in der Zukunftsform (Futur). Hat dieser Text mehr oder weniger Wörter als der im Original? Warum?

3. Früher benutzte man das englische Wort <u>stop</u>, um das Ende von Informations- und Satzeinheiten für den Empfänger zu signalisieren. Da man aber jedes Wort bezahlen muß, ist das heute nicht mehr üblich. Wodurch werden diese "Schlußsignale" in unserem Text gegeben? Achten Sie besonders auf die Stellung der Zeitwörter.

4. Schicken Sie Ihrer Deutschlehrerin/Ihrem Deutschlehrer ein Telegramm: Sie haben soeben die letzte Übung Ihres Deutschbuchs erledigt; es hat Ihnen immer / manchmal / kaum / nie Spaß gemacht; Sie danken für ihre/seine Mühe.

Schlüssel zu den Übungen mit eindeutigen Lösungen

Telefonieren

1Ü5 Persönliches Gespräch: Guten Tag - Kunze!; Freut mich; Nehmen Sie doch Platz, bitte; Möchten Sie einen Kaffee? Oder lieber Tee? Stört Sie's, wenn ich rauche? Ehrlich gesagt: Rauch vertrage ich schlecht. Telefonat: Knaus und Lackinger GmbH und Co, guten Tag? Hier Kunze; Frau Lackinger, bitte!; Ich verbinde Sie mit dem Vorzimmer von ...; Behrends, Sekretariat Dr. Lackinger?; Hier Kunze, ..., guten Morgen; Nein, ich buchstabiere: ...; Lackinger?; Hallo, Herr Kunze.

1Ü7 Konjunktiv: Könnte ich bitte Frau Dr. Lackinger sprechen?; Es ginge um unsere Hydrokulturen ...; Äh, ... ich würde hoffen, Sie haben unser Angebot pünktlich erhalten?; ..., ob wir mit dem Auftrag rechnen könnten.

2S3 1. Interjektionen: bitte; danke; aha; hm. 2. Abtönungswörter: nochmal; ja; sagen Sie; eigentlich; also; denn; wohl. 3. Wertungen, Kommentare: Schön, ja; ich verstehe; sehr interessant!; Vielen Dank. - Das wäre wohl das Wichtigste. 4. Präteritum statt Präsens: Wie war Ihr Name nochmal, bitte? 5. Konjunktiv statt Indikativ: Würden Sie mir bitte die weiteren Daten geben?; Könnten Sie mir kurz Ihren beruflichen Werdegang schildern?; Und was genau würden Sie sich ... erwarten?; Das wäre wohl das Wichtigste.

3S1 o Ja bitte?
o Hallo, hier Franz. Jutta, bist du's?
● Nein, hier ist Klara Jütte! Wer sind Sie und was wünschen Sie?
o Oh, Verzeihung! - Mein Name ist Kühn. Kann ich bitte Fräulein Hecht sprechen?
● So spät noch? - Na schön, ich werd' mal nachsehn, ob sie da ist.
o Vielen Dank, das ist sehr freundlich von Ihnen.
● Nein, tut mir leid! Fräulein Hecht ist nicht zu Hause!
o Oh! Äh ..... könnten Sie ihr vielleicht etwas von mir ausrichten?
● Also, ich muß schon sagen! Ich bin doch kein .....
o Wissen Sie, gnädige Frau, es ist sehr wichtig und dringend.
● Na gut, meinetwegen. - Was soll ich also bestellen?

4S2 Der Anrufer: Och ..... eigentlich nur'ne Kleinigkeit ..... Routinesache; Es geht um ...; Ja, der Betriebsrat hätte gerne gewußt, ob .....
Der Angerufene: Was gibt's denn Schönes?; Also?; Und?

7S1 1. 1J; 2F; 3I; 4H; 5C; 6A; 7E; 8D; 9B; 10G.

2. ● Also das ist wirklich eine Zumutung!
o Nein, ich halte das für eine reine Selbstverständlichkeit.
● Na hören Sie mal: vom Verkäufer Provision zu verlangen!
o Sie kennen aber offensichtlich die Immobilienbranche nicht.
● Das würde Ihnen wohl so passen, Sie Schnösel?!
o Wissen Sie, ich glaube, wir sollten einmal ganz ruhig überlegen .....
● Wie soll denn bei Ihrer Forderung ein Mensch ruhig bleiben?!
o Ich wollte Ihnen gerade ein Angebot machen.
● Na, darauf bin ich aber sehr gespannt!
o Also: Sie entrichten im Verkaufsfall nur den Minimalsatz: 1,5%.

Schriftliche Mitteilungen

1S1 1. Bitte machen Sie (doch) Platz. Würden Sie bitte Platz machen? 2. Bitte waschen Sie (doch) den Wagen. Würden Sie bitte den Wagen waschen? 3. Bitte tippen Sie (doch) den/diesen Brief. Würden Sie bitte den/diesen Brief tippen? 4. Bitte reichen Sie (doch) die/Ihre Steuer ein. Würden Sie bitte die/Ihre Steuer einreichen? 5. Bitte erscheinen Sie (doch) pünktlich. Würden Sie bitte pünktlich erscheinen? 6. Bitte betreten Sie (doch) den Rasen nicht. Würden Sie bitte den Rasen nicht betreten? 7. Bitte holen Sie (doch) die Kinder selbst ab. Würden Sie bitte (selbst) die Kinder (selbst) abholen? 8. Bitte machen Sie (doch) keine Überstunden. Würden Sie bitte keine Überstunden machen? 9. Bitte fahren Sie (doch) sofort in Urlaub. Würden Sie bitte sofort in Urlaub fahren?

2Ü1 2. Telefongespräch Fleischmann-Schnitker:

● Schnitker, Firma Umwelt-Energie?
o Guten Tag, Herr Schnitker. Hier ist Linda Fleischmann, Grünland-Institut. Sie haben mir am 31. August einen Brief geschrieben, und darauf möchte ich heute reagieren .....
● Ah ja, guten Tag, Frau Fleischmann. Ich bin gespannt auf Ihre Meinung.
o Wissen Sie, mir kam beim Lesen Ihres Briefs spontan die Idee, zwischen Ihrer Firma und unserem Institut eine Zusammenarbeit im Energie-Bereich anzuregen. Und die praktischen Möglichkeiten hätte ich gerne mit Ihnen besprochen.
● Das finde ich sehr interessant! Sagen Sie, wie ist denn das Grünland-Institut eigentlich entstanden? Welche Zielsetzung hat es?
o Ja, also, das GI wurde vor zwei Jahren von einer Reihe von Umweltschutzverbänden und einer Gruppe engagierter, unabhängiger Wissenschaftler als Verein gegründet. Unsere Aufgabe ist es, Grundlagenforschung zu betreiben in Bereichen der Energiegewinnung, die möglichst ohne Umweltbelastung und doch auf Dauer wirtschaftlich zu machen sind.
● Ich bin neugierig - an welchen Projekten arbeiten Sie denn zur Zeit vor allem?
o Wir konzentrieren uns besonders auf die Gewinnung von Wärme und Elektrizität aus der Sonnenstrahlung und von brennbarem Biogas aus organischen Abfällen. Ich nehme an, Ihre Firma arbeitet auch auf diesen Gebieten?
● Völlig richtig, sogar schwerpunktmäßig, weil wir hier die größten Chancen sehen. Als Produkte bieten wir zur Zeit bereits Sonnenkollektoren, Sonnendächer und Windräder an. Leistungsfähige Solarzellen und eine Biogasanlage für die Landwirtschaft sind in Entwicklung.
o Was halten Sie von folgender Überlegung, Herr Schnitker: Wir glauben, daß nur eine breite Kooperation von kleinen Spezialfirmen, die noch von den Elektro- und Energiekonzernen unabhängig sind - mit Instituten wie dem unseren und den Umweltverbänden die sanften Energien durchsetzen kann. Nur so kann es gelingen, neue Energiequellen zu erschließen und auch einmal zur wirtschaftlich ernstzunehmenden Konkurrenz für die Atomkraftwerke zu machen .....
● Eine tolle Idee! Ganz meine Meinung!
o Jetzt gleich mein Frage: Sehen Sie eine Möglichkeit - und wenn ja, wie weit -, daß Ihre Firma ihre theoretischen Kenntnisse, ihre Erfahrung und ihre technischen Möglichkeiten auf der Seite der Atomkraftgegner einbringt? Könnten Sie sich speziell eine Kooperation mit dem GI vorstellen? Welche finanziellen und sonstigen Bedingungen würden Sie an eine solche Zusammenarbeit knüpfen?
● Das sind 'ne Menge schwierige Fragen auf einmal! Ganz offen: Ich persönlich würde auf Ihren Vorschlag zur Kooperation sofort eingehen -, aber ich kann nicht für die Firma sprechen. Ihre Anfrage wird also zunächst geprüft, und zwar im Hinblick auf das Interesse der Firma Umwelt-Energie. Wie das ausgehen wird, kann ich nicht sagen - ich hof-

fe, die Sache entwickelt sich konstruktiv! Auf jeden Fall kann ich versprechen, daß Sie in den nächsten 6 Wochen die Entscheidung unserer Geschäftsleitung schriftlich bekommen .....

3Ü1 1. Kenntnis: Frau Schnabel, Herr Popp vom Betriebsrat; die anderen Betriebsratsmitglieder; der Ge-
schäftsleiter Dr. Holl; seine Sekretärin (Diktat-
Kurzzeichen ps); der Abteilungsleiter der Auslieferung, Herr Maurer. - Mitwirkung: Dr. Holl, Sekretärin, Herr Maurer (?).
2. Statistische Ausdrucke der betriebseigenen Datenverarbeitung über den Verlauf des Arbeitsanfalls in
der Auslieferung. Zweck: Absicherung der Behauptung,
daß die Arbeitsbelastung in der Auslieferung sehr
ungleichmäßig sei.

3S1 1. Dr. = Doktor; o.k. = okay, in Ordnung, einver-
standen; BR = Betriebsrat; EDV = Elektronische Da-
tenverarbeitung; Ausl. = Auslieferung; Abt.leiter
= Abteilungsleiter; Dr. H - ps = Diktiert von
Dr. Holl - geschrieben von seiner Sekretärin (nur
Diktatzeichen ps bekannt).

Allgemein übliche Abkürzungen: Dr.; o.k.; EDV; Abt.

Zwei Abkürzungstechniken: (1) Verkürztes Wort mit
Punkt am Ende, z. B. Ausl.; (2) Anfangsbuchstaben
einzelner Wörter oder Teilwörter, groß geschrieben,
z. B. EDV (Ausnahme: o.k. oder O.K. = englische
Abkürzung, Herkunft unklar).

4Ü1 1./2. Frau Schneider-Lange hätte zuerst ihre Antwort auf das Original des Formularsatzes tippen und
dann den Durchschlag mit beiden Brieftexten an
Frau Seltgen schicken sollen. Also: Formularsatz
erst nach der Antwort trennen! Sonst hat man keine
Unterlage über den Originalbrief mehr!

4Ü5 1. Nach der Anrede: Komma; nach dem abschließenden
Gruß: nichts. 2. Erste Wörter von Anrede/Gruß: groß;
erstes Wort des ersten Satzes: klein. 3. Alle Anre-
defürwörter im Brief: groß.

4S2 1. z. Kenntnis = zur Kenntnis; Stellungn. = Stellungnahme; Genehmig. = Genehmigung; Unterschr. = Unterschrift; VHS = Volkshochschule; '80 = 1980; AG =
Arbeitsgemeinschaft. - Neue Art Abkürzung: Aus-
lassungszeichen vor Zahlen- oder Buchstabengruppe
wie in '80 = Weglassen einer allgemein bekannten Information.
2. Bindestrich: ohne Abstände mit Wörtern links/
rechts verbunden; Gedankenstrich: je 1 Abstand
links/rechts. Beispiele: Frauen-AG / die - aus.

5a)
S2 Ergänzte Bestandteile sind unterstrichen!

1. Herrn
   Studienrat a. D. Walter Bundesmann
   Meisener Str. 45 II

   DDR-7045 Leipzig 45
2. Frau
   Kathrin Wallmann
   Marketing-Abteilung
   Geier & Co.
   Schaffhauser Str. 780

   CH-8050 Zürich
3. Herrn
   Gernot Häublein
   Bussardstr. 2

   D-8311 Altfraunhofen

4. Wert 800 DM

   Fräulein
   Irene Berg
   postlagernd

   A-1130 Wien

5. Firma
   Intertronik KG
   z. H. Herrn Dipl.Ing.
   Peter Sachse
   Postfach 33 72

   2000 Hamburg 33

6. Mit Luftpost

   Mrs Jane Finchley
   78 Fayerweather Street
   Cambridge, MA

   USA

7. Wenn unzustellbar zurück

   Frau
   Anne Beil
   Crispinstr. 91

   4600 Dortmund 50

5b)
S1 1. Falsch. Im Unterschied zur Empfängeradresse hat
die Absenderanschrift über der Postleitzahl/Wohnort-
Zeile keine Leerzeile.
2. Falsch. Die Betreffzeile steht linksbündig zwischen Empfängeradresse und Anrede; sie ist nicht unterstrichen.
3. Richtig. (Ausnahmen natürlich: Substantive und
Namen)
4. Falsch. Nach der Anrede steht ein Komma, nach der
Grußformel nichts.

6a)
Ü3 1 a) ... sofortige telefonische Reaktion ...
        ... die vorgeschriebenen ausreichenden Zeiten...
     b) ... ein neues, fehlerfreies Gerät ...

2 a) -
  b) Bei schnellem Tippen blockiert die Tastatur
     laufend, routinierte Stenotypistinnen kapitu-
     lieren, und das Arbeitsergebnis ist dement-
     sprechend katastrophal.

3 a) Ich finde, es ist an der Zeit für Sie zu handeln.
  b) Wir bitten Sie, Ihre Maschine umgehend abzuholen.

7Ü1 Fernschreiben 1: 1, 2, 3, 4, 5, 9, 10, 11, 12.
Fernschreiben 2: 1, 2, 3, 4, 5, 8, 9, 10, 11, 12.

7Ü2 1. Ergänzte Sätze Fernschreiben 1: Wir erbitten Zim-
merreservierungen wie folgt: für die Herren Fink, ...
Bitte senden Sie eine/Wir erbitten eine aufgeschlüs-
selte Sammelrechnung ...
Wir erbitten umgehend eine Bestätigung.

Fernschreiben 2: Wir bestätigen Ihr Telex. Ihre Reser-
vierungen sind o.k.

Weggelassene Satzteile: Subjekt, Prädikat. Wortarten:
Artikel, Pronomen, Abtönungswörter, Hilfsverben, Verben.

2. tour = Tourotel (Hotel); d = Deutschland; 1kgm =
Langenscheidt KG München; fr = Freitag; so = Sonntag;

inkl. = inklusive (einschließlich); o.k. = in Ordnung, hier: fest gebucht.

7S1 Fernschreibentext: " bestellen bonad bat belvu bon
01.08. - 14.08.82
ranuf, aero qok?
meine/unsere adresse: .....
cfm sofort svp.
wtg 30 mns (an) tpr.
+?"

8Ü1 3. Grundsätzlich: Pronomen, Artikel, Hilfsverben, Ad-
verbien, Abtönungswörter, Konjunktionen, Präposi-
tionen.
Häufig: Verben, Zahlwörter, Ortsnamen(teile).

8S1 1. Präsens, Perfekt.
2. "Kam telefonisch nicht durch. Züge Hamburg-Köln
waren (wegen) Schnee verspätet. Werde fliegen
(und) Flughafen 15.40 ankommen."

Alphabetische Liste schwieriger Begriffe mit Erklärungen

A

Abtönungswort: Wort (Adverb, Konjunktion, Interjektion), das die Bedeutung eines Satzes stark färbt, also "abtönt", z. B.: "Gehen Sie in Urlaub?/ Gehen Sie wohl in Urlaub?/ Sie gehen doch wohl nicht in Urlaub?"

Adverb: Umstandswort, das die "Art und Weise" einer Handlung, eines Vorgangs oder eines Zustands genau beschreibt; z. B.: "Er ist zu schnell gefahren!"

Adjektiv: Eigenschaftswort, z. B. alt, weise, selbständig, hämisch

Adressat: Empfänger einer Nachricht oder Sendung

Aktivität: Tätigkeit

Akzent: mundartliche Färbung der Sprechweise von Leuten, die die nationale Standardsprache zu sprechen sich bemühen, z. B.: "Sie spricht Hochdeutsch mit leichtem schwäbischen Akzent."

alphabetisch: geordnet nach der Buchstabenfolge des ABC

alternativ: eine zweite, andere Möglichkeit/Lösung als die landläufig bekannte und praktizierte, z. B.: "alternative Energien"

anprangern: bloßstellen, anklagen

aggressiv: angriffslustig, verletzend, kämpferisch

akzeptabel: annehmbar, vertretbar

Argument: Redeeinheit, die aus Behauptung und überzeugender Begründung besteht, z. B.: "Alle müssen Energie sparen, weil Öl, Gas und Kohle knapp und teuer sind."

argumentieren: Gesprächsbeiträge oder Reden aus einer geplanten Argumentfolge aufbauen

Artikel: "Geschlechtswort", das Substantive begleitet und deren grammatisches Geschlecht angibt, z. B.: "Das Kleinauto hier gehört einer Studentin; den Sportwagen dort fährt ein Jungmanager."

B

Betriebsrat: gesetzliche Interessenvertretung der Arbeitnehmer in Betrieben der Bundesrepublik Deutschland

Biogas: vor allem Methan, das aus der Fäulnis in Mist und anderen organischen Abfällen gewonnen werden kann und hohen Heizwert hat

D

Daten: Angaben, Informationen, z. B. Name/Alter/Geschlecht einer Person

defekt: beschädigt, nicht funktionsfähig

dgl.: dergleichen

d. h.: das heißt

Dialekt: Mundart, Sprechweise der "Einheimischen" in einem begrenzten Gebiet, z. B. "Sächsisch und Bairisch sind deutsche Dialekte."

distanziert: mit Abstand, unverbindlich

E

EDV: Elektronische Datenverarbeitung

Energielücke: zu geringes Energieangebot bei zu hoher Nachfrage

engagiert: mit persönlichem Einsatz an etwas teilnehmend

e. V.: "eingetragener Verein"

Experte: Fachmann/-frau

extern: (von) außerhalb, z. B. "externe Stellenbewerbungen"

F

Faktor: Umstand, Einfluß, Tatbestand

Floskel: meist inhaltsleere stehende Redewendung, z. B.: "Womit kann ich dienen?"

formal: der Form nach, äußerlich

formell: sehr steif, offiziell, mit großem Abstand

FS: Fernschreiben, Telex

Funktion: Aufgabe, Stellung

Futur: Zeitform des Zeitworts mit Zukunftsbedeutung, z. B.: "Ich werde bald da sein."

G

Gezeiten: Ebbe und Flut an Meeresküsten

gleitende Arbeitszeit: Regelung der Arbeitszeit mit "Festzeiten" und "Gleitzeiten", innerhalb derer man Arbeitsbeginn, Arbeitsende (und Mittagspause) frei festlegen kann

grammatisch: den Regeln einer Sprache entsprechend

Grußformel: feststehender Ausdruck zum Begrüßen/Verabschieden

H

Hilfsverb: Hilfszeitwort; so genannt, weil es zur Bildung der Zeitformen von Zeitwörtern gebraucht wird; z. B.: "Ich habe geläutet./Wir sind gerannt./ Sie wird bald kommen."

human: menschlich, freundlich

Honorar: vereinbarte Vergütung

Hormon: organischer Wirkstoff, der von inneren Drüsen ins Blut abgegeben wird und bestimmte körperliche Abläufe regelt, z. B. bei Streß oder Schwangerschaft

Hydrokultur: "Wasserkultur"; eine Pflanzenzucht, die mit Nährlösung auf Tonscherben ohne Erde betrieben wird

Hypochonder: eingebildete(r) Kranke(r)

Hypothek: Darlehen einer Bank oder Versicherung zum Erwerb von Haus und/oder Grundstück

I

ignorieren: bewußt übersehen

Immobilienbranche: Firmen und Personen, die mit Grundstücken und Bauwerken handeln

Improvisieren: spontanes, unbeschränktes Erfinden, Spielen, Handeln aus dem Augenblick heraus

Indikativ: Wirklichkeitsform des Zeitworts, Gegenstück zu Konjunktiv (Möglichkeitsform); z. B.: "Er geht/ging/ wird gehen."

Infinitiv: nicht veränderbare Grundform des Zeitworts, z. B.: bitten, wollen, begreifen, sein.

Ing. grad.: graduierte(r) Ingenieur(in), Ausbildung an einer Fachhochschule

inkl.: inklusive, einschließlich

Institution: öffentliche Einrichtung, z. B. Volkshochschule, Kirche, Theater

Interjektion: Ausrufewort, z. B.: ach!, danke, tiptop, peng!

Ironie: versteckter, feiner Spott, der zur Selbstverspottung auffordert; z. B.: "Ihr Deutsch ist so perfekt, daß Sie nichts mehr dazulernen können."

Islam: Weltreligion, die vom Propheten Mohammed begründet wurde und vor allem in Afrika und Asien verbreitet ist

J

juristisch: nach der geltenden Auslegung der Gesetze

K

kapitulieren: aufgeben

Kaution: Mietvorauszahlung, Sicherheit für den Vermieter

Komik: die Kunst, das Lächerliche liebenswert darzustellen; z. B.: "Die Komik von Karl Valentin ist umwerfend!"

Kommunikationsform: besondere Art der Weitergabe von sprachlicher, bildlicher oder körperlicher Information; z.B. Rede vor Publikum, Diskussion, Fernsehsendung

kompetent: zuständig, fähig

Kompromiß: Einigung durch Annäherung unterschiedlicher Meinungen

Konjunktion: Bindewort, das Wörter, Satzteile oder Sätze verbindet; z. B.: "Vater und Mutter waren sauer, weil wir nicht mitkamen."

Konjunktiv: Möglichkeitsform des Zeitworts, Gegenstück zu Indikativ (Wirklichkeitsform); z. B.: "Ich würde mich freuen, wenn du kämst."

konkret: greifbar, wirklich, handfest, praktisch

konstruktiv: wohlwollend, positiv eingestellt, mit gutem Ergebnis

Kontrazeption: Maßnahme(n) zur Empfängnisverhütung

Konvention: allgemein anerkannte und beachtete Regel oder Form

Konzern: durch Kapitaleigentum und Geschäftspolitik verflochtene Gruppe von Einzelfirmen

Kooperation: Zusammenarbeit

korrekt: richtig, den Regeln entsprechend

L

legal: rechtmäßig, den Gesetzen entsprechend

Leitungskollektiv: Gruppe von Personen, die sich gleichberechtigt eine Leitungsaufgabe teilen

M

Manipulation: gezielte Beeinflussung von Personen ohne deren Willen und Wissen

Marketing: Erforschung und Erschließung von Märkten für Produkte

massiv: (hier) sehr stark

minimal: geringstmöglich

Minimalsatz: Mindestsatz

Mono: "monophon", auf einer Tonspur aufgezeichnete Musik- oder Textaufnahme; Gegenstück zu "stereophon" (2 Spuren/Kanäle)

Motiv: Beweggrund, Antrieb, Anstoß

Motivation: Weckung des Interesses, Einstimmung, Beweggründe

O

offiziell: förmlich und öffentlich

o.k.: in Ordnung, einverstanden!

Ökologe: Umweltforscher und -schützer

Opposition: Gruppe(n) oder Partei(en), die die herrschende Mehrheit kontrollieren, kritisieren, inhaltlich bekämpfen soll/will/kann

optimal: bestmöglich

Original: (hier) der ursprüngliche, erste Text

P

Palette: Farbenmischbrett des Kunstmalers; Mischung

Pauschalität: überstarke Vereinfachung und Verallgemeinerung

Personalien: Angaben zur Person, z. B.: Namen, Alter, Konfession

Personalpronomen: persönliches Fürwort, das Substantive oder Namen ersetzt; z. B.: "Ich bin Paul."

Phase: Abschnitt, Entwicklungsstufe

Position: Stellung

Prädikat: gebeugtes Zeitwort im Satz, "Satzaussage"; z. B.: "Die Nachbarn mähen ihren Rasen."

Präposition: Verhältniswort, das Wörter oder Satzteile in räumliche oder andere Beziehung setzt; z. B.: "Am Abend gingen wir in die Kneipe."

Präsens: Zeitform des Verbs mit Gegenwartsbedeutung; z. B.: "Ja, ich verstehe."

Präteritum: Erzählzeitform des Verbs; z. B.: "Ich kam gestern nicht durch."

Praxis: echte Tätigkeit, Anwendung

präzise: genau und kurzgefaßt

Pression: Zwang, Druck

Projekt: (hier) in Planung oder Entwicklung befindliches Produkt

Pronomen: Fürwort, das für Personen, Besitz/Zugehörigkeit, Beziehung usw. steht; z. B.: "Dieser Vertreter, der uns anrief, war meiner Meinung nach sehr aufdringlich."

Propagierung: lautstarke Werbung

Prostitution: Gewerbe, das mit sexuellen Dienstleistungen handelt

Provision: Vermittlungsgebühr

Publikation: gedruckte Veröffentlichung

Q

Quartal: Kalendervierteljahr; z. B.: Januar - März

R

Rabatt: Preisnachlaß

Rationalisierung: Ersatz älterer Produktions- oder Arbeitsverfahren durch zweckmäßigere und billigere, die meist menschliche Arbeitskraft einsparen/ersetzen

realitätsgetreu: der Wirklichkeit entsprechend

Redaktion: Abteilung einer Zeitung oder eines Verlages, die den Inhalt von Zeitungen, Zeitschriften und Büchern zusammenstellt

regional: zu einem begrenzten Gebiet gehörend

Reklamation: Mitteilung von Mängeln und Forderung nach Behebung

Reservierung: Bestellung, Buchung

Rezension: kritische Besprechung eines Buchs, Films, Theaterstücks usw.

Referent: Sachbearbeiter in einer höheren Dienststelle

Renovierung: Erneuerung, Reparatur

Reserven: (hier) Ersparnisse

S

saisonal: zu einer bestimmten Jahreszeit

sanitäre Einrichtungen: alle mit Wasser arbeitenden Geräte usw. in Bad, Küche, WC

Sexualität: Geschlechtsleben/-trieb

Sicherheiten: Vermögen, das die Bank als Sicherheit für die Gewährung eines Darlehens betrachtet

simulieren: genau nachahmen

skeptisch: zurückhaltend, zweifelnd

Skonto: Abzug von der Rechnungssumme bei kurzfristiger Zahlung

Skrupel: Hemmungen, Zaudern

Solarzelle: Bauelement, das Sonnenlicht in Elektrizität umwandelt

Sonnendach: Dachbelag, der die Sonnenstrahlung zur Wärmegewinnung für Heizzwecke nutzt

spontan: ohne Zögern und Überlegen

Statistik: Erfassung und Auswertung von Zahlenverhältnissen und Häufigkeitsverteilungen

stornieren: widerrufen, zurücknehmen

Struktur: Aufbau

Subjekt: Satzgegenstand, z. B.: "Das Telefon klingelt."

Substantiv: Hauptwort, z. B.: Brief, Telegramm (immer groß geschrieben)

T

telegrafisch: mit Telex/Fernschreiben

Tempus: Zeitform des Zeitworts, z. B.: Präsens, Präteritum, Perfekt

theoretisch: rein gedanklich - nicht praktisch erprobt

Theorie: wissenschaftliche Erkenntnis und Darstellung ohne Rücksicht auf praktische Verwertung

taktisch: kleinschrittig zielorientiert vorgehend

V

vage: ungenau, unbestimmt

Verb: Zeitwort, z. B.: gehen, tun

Verriß: vernichtende Kritik

Z

Zchn.: Namens-/Abteilungszeichen

Zeitungsnotiz: kurze, meist aktuelle und originelle Meldung

z. Z.: zur Zeit

Quellennachweis

Deutsche Bundespost, Fernmeldetechnisches Zentralamt Darmstadt (Hg.) (S. 70) aus: "Amtliches Verzeichnis der Telexteilnehmer in der Bundesrepublik Deutschland"

dpa / Landshuter Zeitung, Landshut (S. 62) "Mit dem Panzer zum Brotzeitholen?" (31.3.81)

Drescher GmbH & Co. KG, Rutesheim (S. 50, 51) Formular "Kurzbrief"

Frankfurter Rundschau, Frankfurt/M. (S. 66) "Ratzinger: Pille half nicht" (30.10.80) und Leserbrief (26.11.80)

Industrie- und Handelskammer für München und Oberbayern, München (S. 48) "Aktennotiz" aus der schriftlichen Prüfung zur Sekretärinnenprüfung 1973

König Industrie Verlag GmbH, München (S. 17) aus: "Der gute Draht", München 1977

R. Piper & Co. Verlag, München (S. 35, 36) "Buchbinder Wanninger" aus: "Karl Valentins Gesammelte Werke", München 1961, S. 67-70

Zweckform GmbH, Holzkirchen (S. 40, 41, 45a, 49, 52) Formulare "Gesprächsnotiz", "Was war - was ist zu tun?", "Kurzbrief"

Wir danken allen, die uns durch Genehmigung zum Abdruck freundlich unterstützt haben.

BAUSTEINE DEUTSCH

Ein Programm zur Erweiterung der Ausdrucksfähigkeit im Deutschen

von Gernot Häublein, Gudrun Häusler und Theo Scherling

● Die Zielgruppe des Programms sind Erwachsene und Jugendliche, die ihre Ausdrucksfähigkeit weiterentwickeln wollen. Es eignet sich daher besonders für Kurse an Volkshochschulen und anderen Einrichtungen der Erwachsenenbildung sowie für den Zweiten Bildungsweg (Abendschulen) und berufliche Schulen.

● Jeder Baustein des Programms entspricht einem bestimmten Bereich sprachlicher Kenntnisse, Fertigkeiten und Fähigkeiten und damit einem Lernbedürfnis, das durch Teilnehmerumfragen in zahlreichen Deutschkursen der Autoren ermittelt wurde.

● **Baustein 1 „Grammatik · Zeichensetzung: Schwerpunkte"** behandelt sehr häufig auftretende Probleme der Grammatik und Zeichensetzung und eignet sich sowohl als Unterrichtsmaterial für einen Kurs wie auch als „Eingreifmaterial" für die Auffrischung und Wiederholung einzelner Sachbereiche. Jedes der 19 Teilthemen kann unabhängig von den anderen bearbeitet werden.

Lehr- und Arbeitsbuch 103 Seiten, 21 × 28 cm, kartoniert-laminiert, Best.-Nr. 49 821

Lehrerhandreichungen Best.-Nr. 49 822

● **Baustein 2 „Telefonieren · Schriftliche Mitteilungen".** Telefonieren und schriftliche Mitteilungen sind zentrale Kommunikationsformen im Beruf und im privaten und öffentlichen Leben in all den Fällen, wo ein persönliches Gespräch nicht möglich oder ungeeignet ist.
Dieser Baustein vermittelt sprachliche Sicherheit und Flexibilität beim Telefonieren und Schreiben und die Fähigkeit, sich auf die Situation und den Partner einzustellen.

Lehr- und Arbeitsbuch 79 Seiten, 21 × 28 cm, kartoniert-laminiert, Best.-Nr. 49 823

Cassette mit Hör- und Sprechübungen Best.-Nr. 84 422

Lehrerhandreichungen Best.-Nr. 49 824

● **Baustein 3 „Stellensuche · Bewerbung · Kündigung".** Die Thematik betrifft wichtige Vorgänge im Leben jedes Arbeitnehmers. Anrufe, Briefe, Gespräche, Verträge, Anzeigen, Gesetzes- und Vertragstexte stehen im Mittelpunkt dieses Bausteins.

● **Baustein 4 „Gespräch · Besprechung · Diskussion".** Diese drei Kommunikationsformen dienen der Entscheidungsfindung im Beruf, im privaten und öffentlichen Leben. Gesprächsvorbereitung, Einstellung auf den Partner, Argumentieren und Gesprächsregeln sind die Lernziele dieses Bausteins.

● *Themen weiterer Bausteine:* Mündlicher und schriftlicher Bericht/Protokoll – Stellung nehmen/Kommentieren/Argumentieren – Inhalt von Texten/Gesprächen/Vorträgen zusammenfassen – Beschreiben: Arbeitsplatz, -ablauf, Produkt usw. – Fragen/Sich informieren/Auskunft geben – Amtliche Texte verstehen/auswerten/verbessern – Medien auswerten/Nachricht und Kommentar unterscheiden – Sprachprogramm für erwachsene Legastheniker/„Analphabeten".